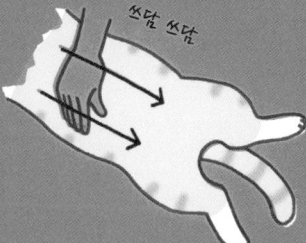

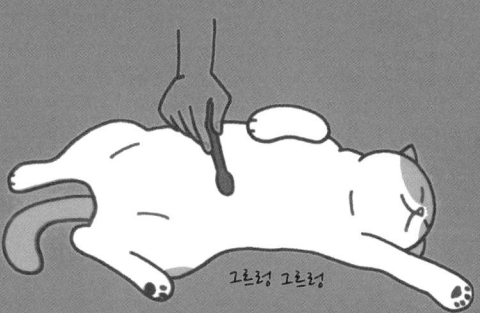

치유하고 치유받는 **고양이 마사지**

이 도서의 국립중앙도서관 출판시도서목록(CIP)은 서지정보유통지원시스템 홈페이지(http://seoji.nl.go.kr)와 국가자료공동목록시스템(http://www.nl.go.kr/kolisnet)에서 이용하실 수 있습니다.
(CIP제어번호: CIP2013026879)

IYASHI·IYASARERU NEKO MASSAGE
© TAKASHI ISHINO 2013
© MANA AIZAWA 2013
Originally published in Japan in 2013 by Jitsugyo no Nihon Sha, Ltd., TOKYO,
Korean translation rights arranged with Jitsugyo no Nihon Sha, Ltd., TOKYO,
through TOHAN CORPORATION, TOKYO, and BESTUN KOREA AGENCY, SEOUL.
Korean translation rights © 2013 Palbokwon Publishing Co.

이 책의 한국어판 저작권은 일본 토한 코포레이션과 베스툰코리아 에이전시를 통해 일본 저작권자와 독점 계약한 팔복원에 있습니다. 저작권법에 의해 한국 내에서 보호를 받는 저작물이므로 무단전재나 복제, 광전자 매체 수록 등을 금합니다.

치유하고
치유받는
고양이
마사지

내 고양이와 함께하는
행복한 시간

이시노 타카시·아이자와 마나 지음
김주영 옮김 / 김홍석 감수

단춧별

책 머리에

의학이 발전하면서 수명이 늘어난 것은 인간만이 아닙니다. 고양이 역시 최근 백신이나 기생충 구제약 등 예방수의료(豫防獸醫療) 기술의 진보와 더불어 고양이 사료에서부터 캣 푸드에 관한 전반적인 식생활의 개선, 그리고 완전한 실내생활로 인한 환경의 변화에 따라 수명이 현저하게 길어졌습니다. 지금은 스무 살 넘는 고양이를 흔히 볼 수 있을 정도로 고양이 역시 인간처럼 초고령화 사회가 되었습니다.

이렇게 고양이가 사람의 곁에서 생활하게 되면서 수명은 길어졌지만, 반대로 신부전이나 암 같은 각종 생활습관병을 앓는 고양이가 늘어나고 있습니다. 앞서 말한 것처럼 의료의 진보에 따른 병의 조기 발견과 조기 치료가 가능해졌지만, 이것은 어디까지나 사후의 문제이기 때문에 일상에서 고양이의 건강을 지킬 수 있는 진정한 의미의 예방의학에 대한 더 많은 연구가 필요하다고 생각했습니다.

고양이를 치료하는 수의사의 입장에서 고양이가 병에 걸린 후에 대응하는 것이 아니라 병에 걸리기 이전 단계에서 뭔가 손쓸 수 있는 방법이 없을까 하는 생각에서 동서양의 의학과 마사지를 접목시킨 '고양이 마사지'를 연구하게 되었습니다. 그리고 현대의 서양의학과 전통적인 한의학을 융합시킨 고양이 마사지가 동물 치료와 예방에 좋은 방법이라는 것을 오랜 연구와 경험을 통해 확인하게 되었습니다.

이 책에서 소개하는 고양이 마사지는 중국 전통의료인 경락, 경혈 마사지와 서양의학의 림프 마사지를 융합시킨 고양이의 건강 유지와 증진에 매우 도움이 되는 방법입니다. 우리가 실생활에서 아무 생각 없이 고양이와 접촉하고 만지는 단순한 행위가 실은 경락이나 경혈, 림프의 자극을 유발하고 있음을 인지할 필요가 있습니다. 따라서 고양이를 키우는 반려인들이 경혈이나 림프를 배우면 고양이의 병을 예방하는 것은 물론, 치료에도 도움을 줄 수 있습니다.

사랑스러운 고양이들과 하루라도 더 오래 건강하고 원기 넘치는 생활을 하고 싶다는 생각으로 고양이 마사지를 책으로 펴내게 되었습니다. 오랜 세월 미국과 중국, 일본을 넘나들며 연구했던 고양이 마사지를 한국 독자들에게 소개하게 되어 진심으로 기쁘게 생각합니다. 이 책을 통해 한국의 고양이들이 건강하고 평온한 삶을 살 수 있도록 도움을 주었으면 하는 바람입니다. 사랑하는 고양이와 함께 언제나 행복하시길 진심으로 기원합니다.

이시노 타카시, 아이자와 마나

졸리다옹

 intro
04 책 머리에
08 고양이에게 치유받는 생활

 chapter 1
치유하는 펫 마사지
24 음양론
26 오행설
28 경락과 경혈
44 고양이 마사지를 시작하기에 앞서
46 마사지의 기본 테크닉

column

54 고양이 다이어트
68 고양이 꼬리
88 따뜻한 타월 마시지

69 ### chapter 3
목적별 마사지(릴랙스 편)

70 어깨결림
73 다이어트
78 스트레스 해소
81 노화 방지, 면역력 향상
84 원기 충전

89 ### chapter 4
목적별 마사지(트러블 편)

90 배뇨 트러블
94 위장 트러블
97 배변 트러블
100 수면 트러블
103 체력 감퇴, 권태감
106 귀 트러블
108 눈 트러블
111 앞다리 트러블
113 뒷다리 트러블
116 요통
120 무릎 트러블
122 피부 트러블
125 감기

55 ### chapter 2
기본적인 림프 마사지

56 림프란
58 4대 림프절 마사지
62 얼굴 마사지
66 발의 경혈 마사지
67 얼굴의 경혈 마사지

고양이에게
치유받는 생활

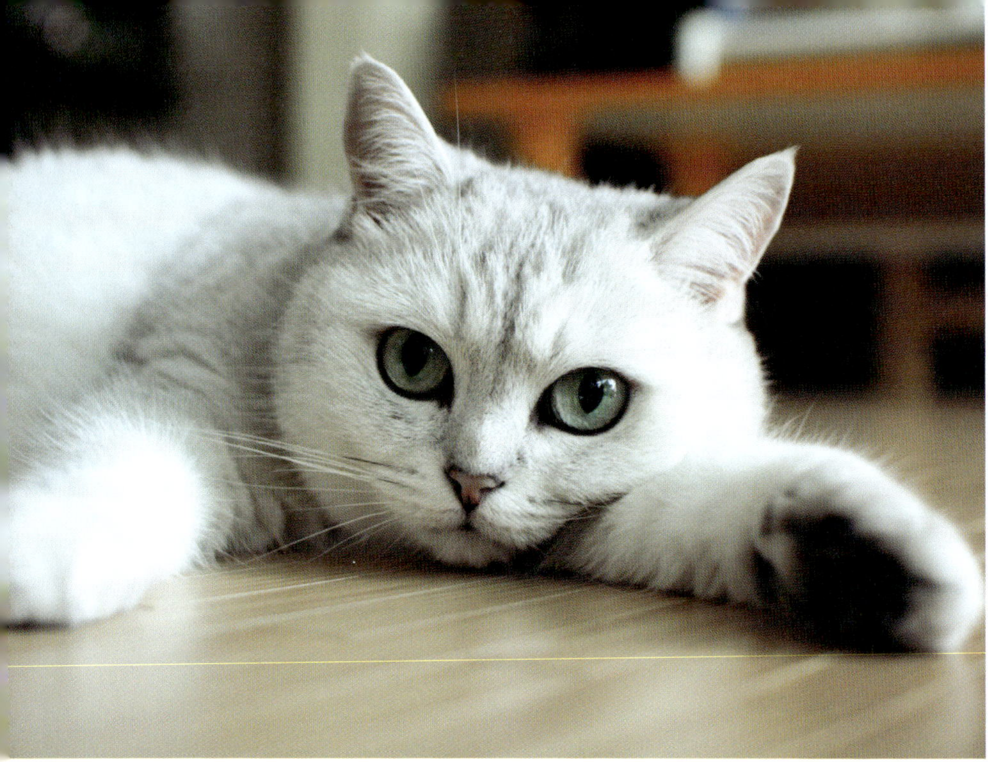

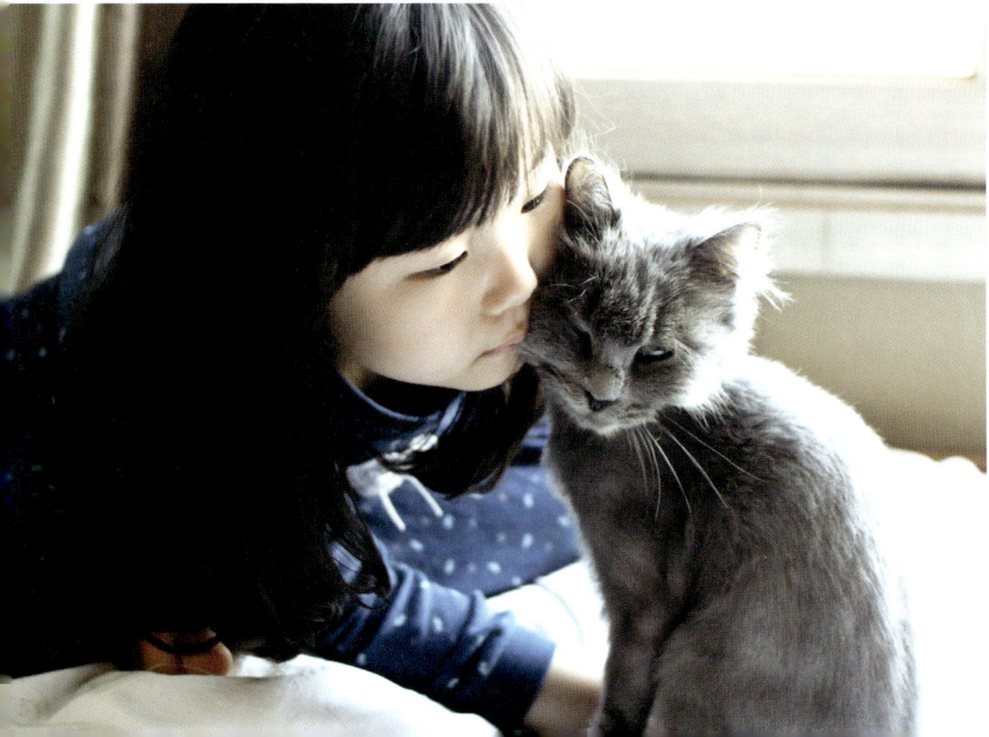

▶ chapter 1

치유하는 펫 마사지

음양론

고양이 마사지를 시작하기에 앞서
마사지의 축이 되는 한의학의 이치를 이해하도록 합시다.

{ 모든 사물은 음양으로 나누어집니다 }

고대 중국의 사상에 있는 **'음양론'**에서는 우주에 존재하는 모든 물질이나 현상은 '음'과 '양'으로 나누어져 대립하는 관계에 있다고 말합니다.

공간에서는 천(天)과 양(陽), 지(地)와 음(陰), 남녀에서는 남성이 양, 여성이 음, 1일에서는 낮이 양, 밤은 음으로 나누어져 있습니다. **이런 음과 양의 구분은 또다시 음과 양의 양면으로 나누어집니다.** 예컨대, 남성은 양, 여성은 음이지만, 남성도 활발하게 활동하고 있을 때(양)가 있는가 하면 조용히 쉬고 있을 때(음)도 있습니다. 즉, 음양은 때와 장소, 서로의 관계성에 따라 변화되기 때문에 고정되어 있다고는 할 수 없습니다. 그리고 **이런 음과 양이 절묘한 밸런스를 유지함으로써 안정을 이루게 되는 것입니다.**

● 음과 양의 구분 ●

사항	음	양
우주	지	천
	달	태양
일조	밤	낮
	음지	양지
계절	가을·겨울	봄·여름
온도	추움	더움
성별	여	남
운동	하강	상승
	정지	운동

음양론과 한의학

음양론은 여러 분야에서 사용되고 있는데, 한의학에서도 몸 전체를 음과 양으로 나누고 있습니다. 한의학에서는 음과 양의 밸런스가 무너졌을 때 병에 걸린다고 보고 있으며, 무너진 밸런스를 가다듬는 활동이 바로 자연치유입니다. 지압이나 마사지는 그러한 자연치유력을 높이기 위한 것입니다.

● 생체에 있어서 음과 양 ●

사항	음	양
상하	하반신	상반신
등과 배	배쪽	등쪽
내외	내장	체표[1]
기혈	혈	기
한열	찬 기운	뜨거움
맥	느리고 작음	빠르고 큼
체취	약함	강함
내장	실질성 장기[2]	관상성 장기[3]

1 **체표(體表)** 몸의 표면
2 **실질성 장기** 간, 신장, 갑상선, 부신 등 세포의 집합으로 이루어진 장기
3 **관상성 장기** 대장, 소장, 자궁, 요도, 기관 등 관으로 이루어진 장기

● 음증과 양증 ●

병의 증상은 음증(陰證)과 양증(陽證)으로 나누어져 있습니다.

음증	양증
생체 반응이 비활동적, 한성(寒性)	생체 반응이 활동적, 열성(熱性)
추워함	더워함
따뜻한 것을 좋아함	냉수를 좋아함
안면 창백	안면 홍조
저체온 기질	고체온 경향
등, 허리, 목 주위가 추움	혀끝이 붉음
맥이 느림	맥이 빠름
소변이 묽고 자주 봄	소변을 자주 보고 양이 많음
변 냄새가 없음	변 냄새가 강함

오행설

음양론과 마찬가지로 한의학의 기본 이론인
오행설(五行說)을 소개합니다.

오행설이란

한의학의 기본인 오행설에서는 **자연계의 모든 것을 목(木), 화(火), 토(土), 금(金), 수(水)의 상징적인 5가지 성질로 분류**하고, 동물의 몸에도 관계가 있다고 봅니다. 인간이나 동물의 내장을 오행설에 따라 5가지로 분류하면 **간장¹이 '목', 심장이 '화', 비장이 '토', 폐가 '금', 신장이 '수'와 대응**하고 있습니다. 또한, 감정도 오행설로 분류할 수 있습니다. **희(喜)가 '목', 락(樂)이 '화', 원(怨)이 '토', 노(怒)가 '금', 애(哀)가 '수'와 대응**하고 있습니다.

내장이나 간장, 몸의 부위를 오행으로 분류함으로써 다음과 같은 사실을 알 수 있습니다. 예를 들어, 간장의 활동이 저하되면 같은 '목'인 눈이나 손톱에 부조²가 나타나기 쉬우며 감정이 불안정하고 화를 잘 내게 됩니다. 간의 컨디션을 조절하기 위해서는 같은 '목'인 신맛이 강한 것을 먹는 것이 효과적입니다.

한의학에서는 내장이나 간장, 계절, 색깔 등도 오행이라는 5가지 성질과 밀접하게 관계되고 있다고 봅니다. 뚜렷한 몸의 부조뿐만 아니라, **'걸핏하면 화를 낸다'**, **'입맛이 변했다'** 등의 소소한 변화도 실은 몸에서 일어나는 부조의 조짐입니다.

● 오행설에서 음과 양 ●

	5장(臟)	5부(腑)	5정(情)	5관(官)	5화(華)	5미(味)
목	간장	쓸개	즐거움	눈	손톱	신맛
화	심장	소장	기쁨	혀	얼굴색	쓴맛
토	비장	위	원망	입	입술	단맛
금	폐	대장	노함	코	털	매운맛
수	신장	방광	슬픔	귀	머리카락	짠맛

1 **간장(肝腸)** 간과 창자
2 **부조(不調)** 날씨나 건강의 상태가 고르지 못함

오행상생설과 오행상극설

오행은 서로 지지하며 협조하고 또 대립하면서 밸런스를 유지하고 있습니다. 대립의 관계라 하더라도 서로의 에너지를 소모하는 것이 아니라, 상대방의 에너지가 과잉되지 않도록 균형을 유지하는 관계입니다.

● 내장의 상생, 상극설 ●

木 간장 — 간장은 '기'를 자유로이 순환시키는 작용을 합니다.

火 마음 — 마음은 몸을 따뜻하게 하는 작용을 합니다.

水 신장 — 신장은 '수'를 컨트롤하고 '정(精)'을 저장하는 작용을 합니다.

金 폐 — 폐는 '기'나 '수'를 내리게 하는 작용을 합니다.

土 비장 — 비장은 영양분을 만드는 작용을 합니다.

←--- 협조의 관계(상생)
← 대립의 관계(상극)

경락과 경혈

고양이의 몸을 순회하고 있는 경락(經絡)과 경혈(經穴), 그리고 각각의 효능에 대해 소개합니다.

경락

인간을 포함한 동물의 체내에는 가로 방향으로 굵은 **경맥(經脈)**이 관통하고 있고, 세로 방향으로는 가는 **맥락(脈絡)**이 그물의 눈금처럼 둘러쳐져 있습니다. 경맥과 맥락을 총칭하여 **경락**이라 부르는데, 경락 중에는 동물의 몸과 마음의 밸런스를 조정, 유지하는 기(氣), 혈(血), 수(水)가 흐르고 있습니다. 경락은 각각 몸의 내장기관에 속해 있으며, 그 중에서도 가장 중요한 경락은 폐경, 대장경, 위경, 비경, 심경, 소장경, 방광경, 신경, 심포경, 삼초경, 담경, 간경의 12경맥입니다. 경락은 전지경(前肢經)과 후지경(後肢經)으로 나누어지며, 다시 음양으로 분류됩니다. 또한, 12경락과 서로 협조하는 **기형8맥**이라는 것이 있는데, 독맥(督脈)과 임맥(任脈)이 중요시됩니다. 독맥은 양경의 기를 컨트롤하고 임맥은 음경의 기를 컨트롤합니다.

水
림프액을 비롯해 면역 기능 전반을 맡고 있습니다. 막히면 많은 땀을 흘리거나 호흡이 거칠어지기도 합니다. '수'가 부족하면 소변의 양이 많아진다든가 변비가 생기거나 손발이 찬 증상이 나타납니다.

血
몸을 미세하게 조정하는 에너지로 순환기나 내분비 기능에 관여합니다. 피가 부족하면 피부가 건조하거나 눈이 침침해지며 불면증이 생기는 따위의 증상이 나타납니다. 피가 정체하면 피부가 거무스름해지거나 어깨결림 등의 증상이 나타납니다.

氣
생명의 원천. 내장에 깊이 관계되며 소화흡수 기능을 좌우합니다. '기'의 순환이 정체되면 쉽게 피로하며 몸이 나른하거나 기력이 없어지는 등의 증상이 나타납니다.

12경맥의 순회

몸에서 햇볕을 받는 쪽을 통과하는 경락이 양경이며, 그늘진 쪽을 통과하는 경락이 음경입니다. 경락은 전지태음폐경(前肢太陰肺經)을 시작으로 후지궐음간경(後肢厥陰肝經)까지 연결되어 순회하고 있습니다.

● 12 경락의 순환 루트 ●

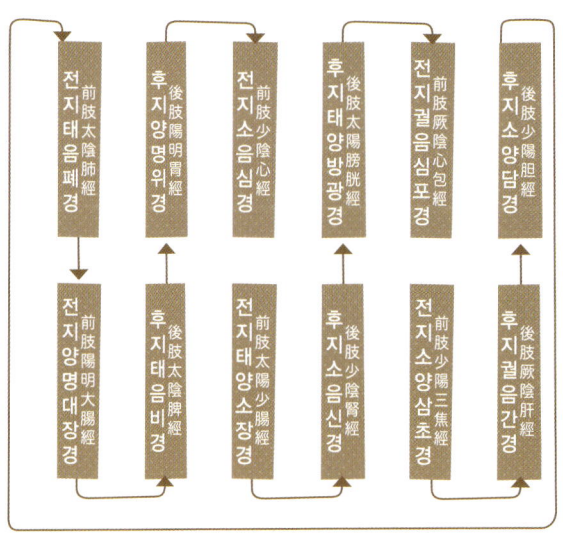

경혈

경혈이란 경락 상에 있는 기가 집중하는 포인트입니다. 보통 한의학에서는 경락을 흐르고 있는 '기', '혈', '수'의 순회가 막힌 상태일 때 '병에 걸렸다'고 생각합니다. 경혈을 자극함으로써 막힌 경락 내의 '기', '혈', '수'의 순회를 개선하고 면역력을 높여 고양이 본래의 건강한 상태로 만들어 주는 것이 고양이 마사지의 기본입니다.

전지태음폐경
前肢太陰肺經

경혈의 흐름 목의 안쪽 상부에서 시작하여 겨드랑이 밑을 지나 앞다리의 발목 안쪽에서 반대편 앞다리의 발가락 첫 번째 관절까지

마사지 효과 호흡기계통의 질환에 효과적이며, 앞다리의 정강이 쪽에 있는 경혈을 자극하는 마사지는 지각장애와 운동장애 치료에 효과가 있습니다.

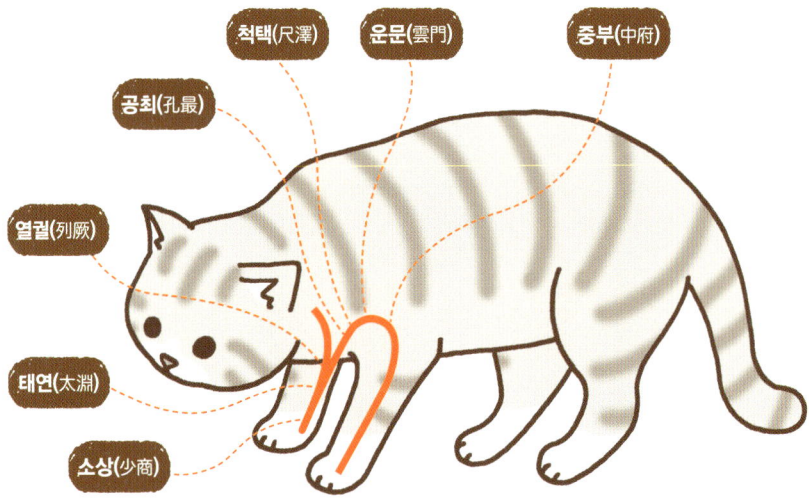

경혈의 수 11 개

주요 경혈
- 중부 효과 → 기침, 어깨, 앞다리 통증
- 운문 효과 → 앞다리, 뒷다리 냉증
- 척택 효과 → 기침, 발열, 더위먹음
- 공최 효과 → 목구멍 통증, 앞다리 통증
- 열결 효과 → 목 뻐근함, 안면신경마비
- 태연 효과 → 호흡기계통 질환, 앞다리 통증
- 소상 효과 → 구토, 간질

전지양명대장경
前肢陽明大腸經

경혈의 흐름 앞다리의 집게발가락 안쪽에서 시작하여 앞다리 바깥쪽에서 어깨를 지나 코의 양쪽 옆까지.

마사지 효과 안면, 코, 치아, 목구멍의 질환에 효과적이며, 피부병이나 운동장애 치료에도 사용됩니다. 설사나 복통 등에도 효과가 있습니다.

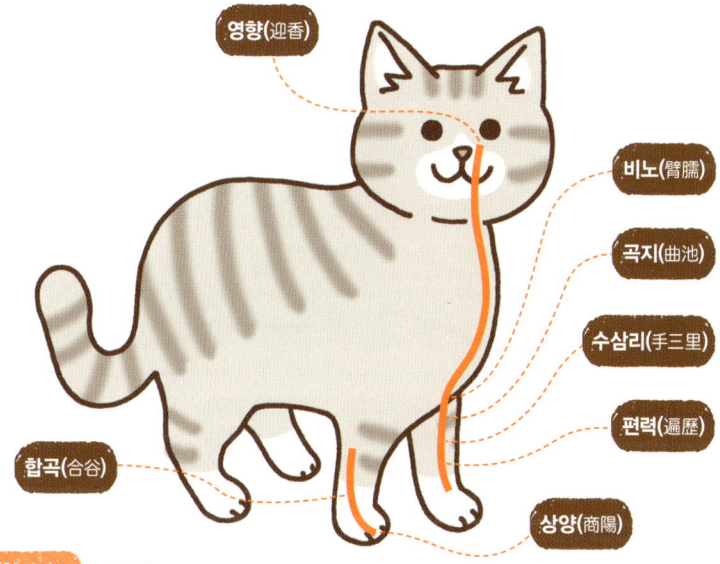

경혈의 수 20 개

주요 경혈
- 상양 　효과 → 감기, 중독, 복통, 인후염
- 합곡 　효과 → 진통, 결막염, 변비, 콧물, 코막힘
- 편력 　효과 → 배뇨장애, 시력장애
- 수삼리 효과 → 복통, 설사, 치통, 앞다리 통증
- 곡지 　효과 → 목구멍 통증, 어깨결림, 결막염, 열사병, 고혈압, 소화기질환
- 영향 　효과 → 콧물, 코막힘, 발열, 감기
- 비노 　효과 → 어깨관절염, 안과질환

후지양명위경
後肢陽明胃經

경혈의 흐름 눈 밑을 시작으로 가슴을 지나 배 안쪽에서 뒷다리 발가락까지

마사지 효과 안면, 코, 치아, 목구멍 질환에 효과가 있습니다. 운동장애, 위장의 소화기계통 질환 치료에도 효과가 있습니다.

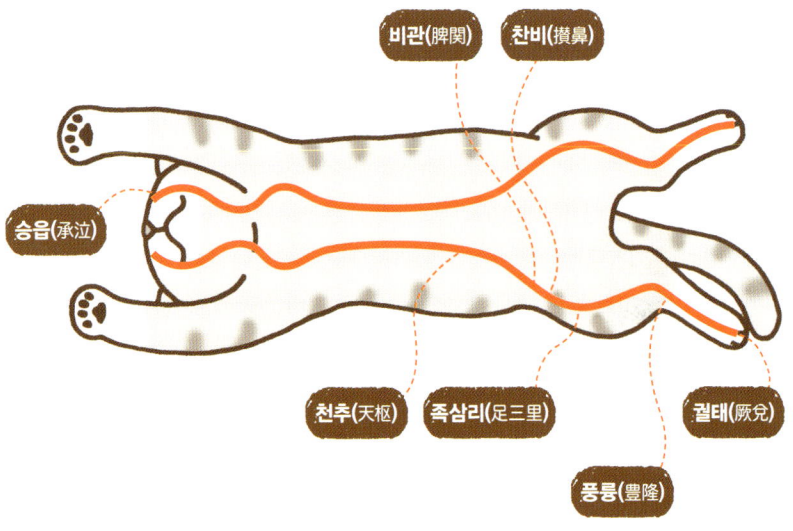

경혈의 수 45 개

주요 경혈
- 승읍   효과 → 안과질환, 감기
- 천추   효과 → 복통, 자궁질환
- 비관   효과 → 고관절 통증
- 찬비   효과 → 무릎 통증
- 족삼리 효과 → 소화기질환, 기침, 산후조리
- 풍륭   효과 → 어지럼증, 기침, 위장질환
- 궐태   효과 → 더위먹음, 변비, 복통

후지태음비경
後肢太陰脾經

경혈의 흐름 뒷다리 안쪽을 시작으로 허리의 안쪽을 지나 배-가슴에 이르는 곳까지

마사지 효과 뒷다리 운동장애 치료에 효과적입니다. 소화기계통의 질환이나 만성피로에도 좋으며, 암컷의 부인과계통의 질환에도 효과가 있습니다.

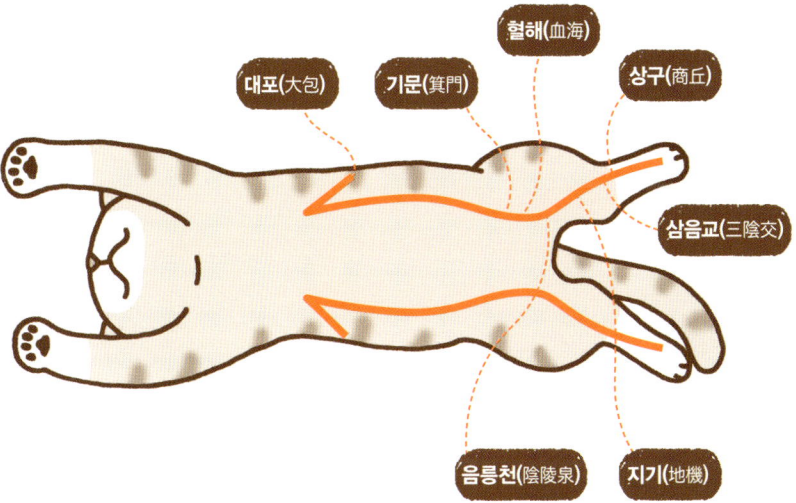

경혈의 수 21 개

주요 경혈
- 상구 효과 ➜ 복통, 발끝 통증
- 삼음교 효과 ➜ 산과질환, 비뇨기질환
- 지기 효과 ➜ 복통, 무릎 통증
- 음릉천 효과 ➜ 비뇨기질환, 배뇨장애
- 혈해 효과 ➜ 복통
- 기문 효과 ➜ 허리, 고관절 통증
- 대포 효과 ➜ 중독, 호흡곤란

전지소음심경
前肢少陰心經

경혈의 흐름 가슴에서 시작하여 겨드랑이 밑에 이르며, 앞다리의 안쪽에서 앞다리 새끼발가락 안쪽까지

마사지 효과 심장, 순환기계통, 신경장애나 의식장애 치료에 사용됩니다. 앞다리 운동장애의 치료에도 효과적입니다.

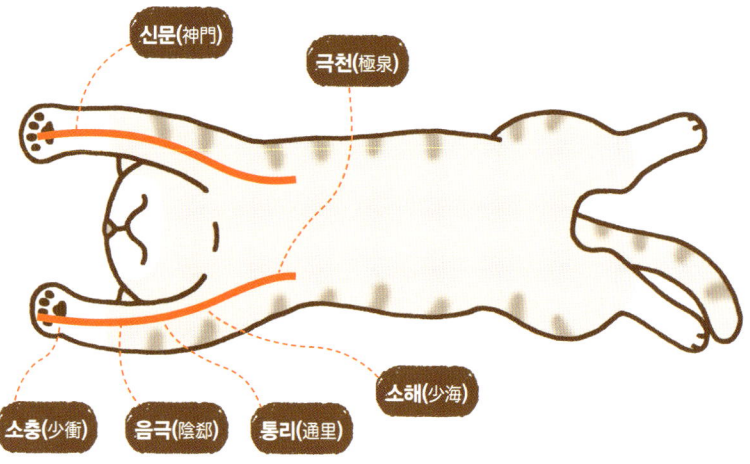

경혈의 수 9개

주요 경혈
- 극천　효과 → 앞다리 상부 및 발꿈치 통증
- 소해　효과 → 스트레스, 발꿈치 통증, 정신질환
- 통리　효과 → 목구멍 통증, 앞다리 통증
- 음극　효과 → 앞다리 통증, 요실금, 혈뇨
- 신문　효과 → 문제행동, 인지증
- 소충　효과 → 발열, 스트레스

전지태양소장경
前肢太陽少腸經

경혈의 흐름 앞다리의 새끼발가락 바깥쪽에서 앞다리 바깥쪽, 어깨 목을 지나 귀까지

마사지 효과 얼굴이나 귀의 질환, 신경이나 근육 등의 질환에 효과적입니다.

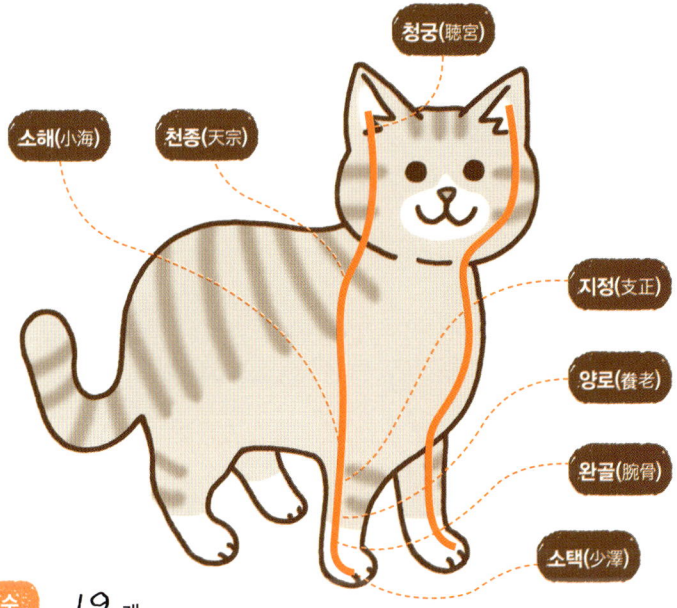

경혈의 수 19개

주요 경혈
- 소택 효과 → 발열, 유즙분비 부족, 인후염, 결막염
- 완골 효과 → 발열, 앞다리 혈망(血網), 위장염
- 양로 효과 → 요통, 눈의 충혈
- 지정 효과 → 발꿈치 통증, 손의 통증, 발열
- 소해 효과 → 어깨 통증, 등의 통증, 발꿈치 통증
- 천종 효과 → 어깨, 앞다리 통증
- 청궁 효과 → 귀질환, 치통

후지태양방광경
後肢太陽膀胱經

경혈의 흐름: 눈의 안쪽에서 시작하여 어깨의 안쪽, 허리에서 무릎 뒤를 거쳐 뒷다리의 새끼발가락 바깥쪽까지

마사지 효과: 눈, 후두부, 등, 허리의 질환에 효과적입니다. 비뇨기와 생식기질환의 치료에도 사용됩니다. 부종이나 배뇨장애에도 효과가 있습니다.

경혈의 수: 67개

주요 경혈
- 청명 효과 → 결막염, 각막염
- 찬죽 효과 → 두통, 어지럼증, 부비강염
- 간수 효과 → 눈 질환, 소화기, 노란 반점
- 비수 효과 → 구토, 설사, 빈혈
- 신수 효과 → 노화방지, 요통, 소화불량, 신장염
- 대장유 효과 → 장염, 혈뇨, 고관절 통증
- 위중 효과 → 요통, 무릎 통증, 소화불량

후지소음신경
後肢少陰腎經

경혈의 흐름 뒷다리의 발바닥에서 시작하여 무릎관절 안쪽을 지나 복부에서 가슴까지

마사지 효과 발바닥이나 고관절의 운동장애 치료에 효과적입니다. 비뇨기나 생식기의 질환, 부종에도 효과가 있습니다.

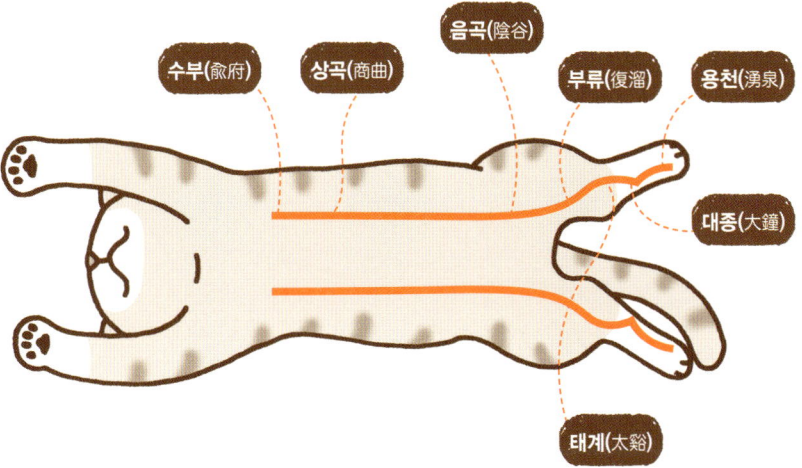

경혈의 수 27 개

주요 경혈
- 용천　효과 → 목구멍 통증, 배뇨질환, 뒷다리 통증
- 태계　효과 → 치통, 당뇨병, 성호르몬 부조, 요통
- 대종　효과 → 식욕부진, 요통, 스트레스
- 부류　효과 → 부종, 설사, 뒷다리 통증
- 음곡　효과 → 복통, 비뇨기계통 질환, 무릎 통증
- 상곡　효과 → 복통, 설사, 변비
- 수부　효과 → 흉통, 심장질환, 무릎 통증

전지궐음심포경
前肢厥陰心包經

경혈의 흐름 가슴에서 시작하여 양쪽 앞다리의 새끼발가락 안쪽까지

마사지 효과 심장, 순환기계통, 정신장애 치료에 효과가 있습니다. 또한, 스트레스에 의한 심신의 피로에도 효과가 있습니다.

경혈의 수 9개

주요 경혈
- 곡택   효과 → 구토, 발꿈치 통증
- 극문   효과 → 흉통, 앞다리 통증
- 내관   효과 → 구토, 흉통, 발열, 발꿈치 통증
- 대릉   효과 → 심장질환, 스트레스, 흉통, 구토
- 노궁   효과 → 구내염, 구취, 발꿈치 통증
- 중충   효과 → 발열, 더위먹음, 불안장애

전지소양삼초경
前肢少陽三焦經

경혈의 흐름 앞다리의 새끼발가락 바깥쪽에서 시작하여 앞다리 바깥쪽을 타고 어깨를 경유하여 눈의 바깥쪽까지

마사지 효과 안면, 눈, 귀의 질환에 효과가 있습니다. 가슴, 겨드랑이 부분, 뒷다리 감각마비, 운동장애의 치료에도 사용됩니다. 부종이나 배뇨장애에도 효과가 있습니다.

경혈의 수 23개

주요 경혈
- 관충   효과 → 결막염, 인후염, 발열, 발가락 통증
- 액문   효과 → 식욕부진, 중독
- 외관   효과 → 변비, 앞다리 통증, 발열, 어깨결림
- 노회   효과 → 변비, 앞다리 통증
- 예풍   효과 → 귀질환, 치통, 안면신경마비
- 이문   효과 → 외이염, 복통, 감기
- 사죽공 효과 → 두통, 입 삐뚤어짐

후지소양담경
後肢少陽胆經

경혈의 흐름 눈의 바깥쪽에서 시작하여 어깨 밑, 몸의 측면에서 뒷다리 안쪽까지

마사지 효과 머리 부분, 눈, 귀의 질환에 효과가 있습니다. 뒷다리의 운동장애에도 효과적입니다.

경혈의 수 44 개

주요 경혈
- 동자료 효과 → 결막염, 시력감퇴, 신경질환
- 풍지   효과 → 수면장애, 녹내장, 코막힘, 감기
- 견정   효과 → 어깨결림, 난산
- 환도   효과 → 요통, 고관절 통증
- 양릉천 효과 → 무릎 통증, 구토, 간장질환
- 외구   효과 → 뒷다리와 목의 감각마비
- 족규음 효과 → 귀질환, 발열, 더위먹음

후지궐음간경
後肢厥陰肝經

경혈의 흐름: 뒷다리의 안쪽에서 복부를 지나 가슴까지

마사지 효과: 뒷다리의 질환과 운동장애의 치료에 효과가 있습니다. 생식기계통, 산과계통의 치료에도 사용됩니다.

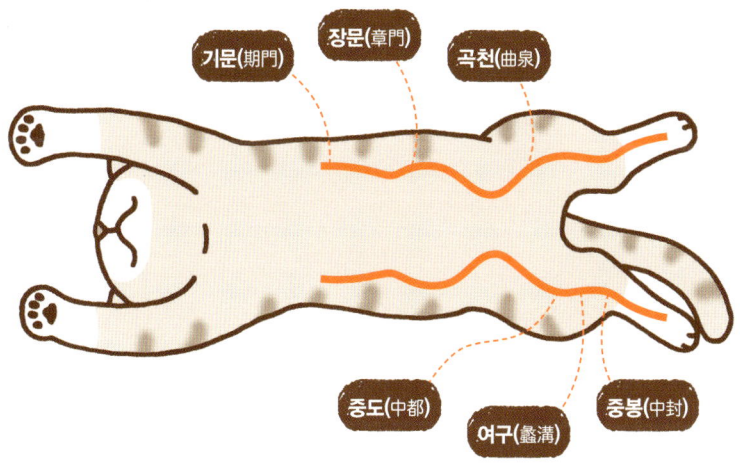

경혈의 수: 14개

주요 경혈
- 중봉 — 효과 → 복통, 배뇨장애, 뒷다리 마비
- 여구 — 효과 → 방광염, 탈장, 뒷다리 통증
- 중도 — 효과 → 설사, 생식기계통 질환
- 곡천 — 효과 → 자궁질환, 방광염, 무릎 통증
- 장문 — 효과 → 복통, 설사, 구토
- 기문 — 효과 → 노란 반점, 결막염, 각막염, 겨드랑이 통증

독맥
督脈

경혈의 흐름 엉덩이에서 시작하여 등의 중앙을 지나 입의 위까지

마사지 효과 양경¹을 관통하며 양의 기를 컨트롤합니다. 머리 정수리 부위의 경혈은 진정 작용이 있고, 등의 경혈은 호흡순환기계통의 조정 작용을 합니다. 등의 중앙부에 있는 경혈은 소화기계통, 비뇨기계통, 요통에도 효과가 있습니다.

경혈의 수 28개

주요 경혈
- 후해　효과 → 변비, 설사, 탈항, 불임증, 생식기능 조정
- 요량관　효과 → 허리·고관절 통증, 성기능 감퇴, 자궁내막염, 파상풍
- 명문　효과 → 요통, 요로폐색, 신장염, 파상풍
- 현추　효과 → 요배통, 소화기장애
- 척중　효과 → 척추질환, 황달, 출혈성질환, 비위(脾胃)질환, 식욕부진
- 인중　효과 → 쇼크, 기관지염, 더위먹음, 감기

1 양경(陽經) 주로 팔다리 바깥쪽과 몸 뒷면에 분포하는 경맥

임맥
任脈

경혈의 흐름 엉덩이에서 시작하여 복부를 지나 입의 밑까지

마사지 효과 음계[2]를 통괄하며 음의 기를 컨트롤합니다. 특히 하복부에 있는 경혈은 비뇨기계통, 생식기계통, 부인과계통의 질환에 효과가 있고, 복부에 있는 경혈은 소화기계통에 효과가 있습니다.

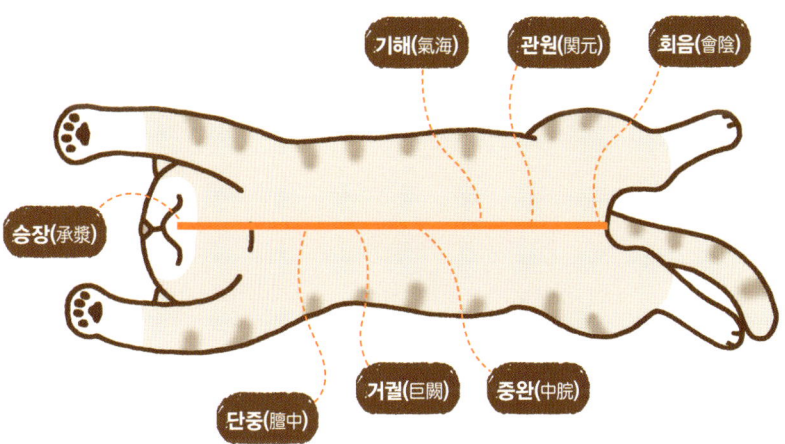

경혈의 수 24개

주요 경혈
- 회음 효과 → 배뇨장애, 성호르몬 불균형
- 관원 효과 → 불임증, 방광염
- 기해 효과 → 산과질환, 탈장, 변비, 설사
- 중완 효과 → 식욕부진, 다이어트, 소화불량
- 거궐 효과 → 기침, 복통, 구토
- 단중 효과 → 심부전, 폐렴, 기침, 기관지염
- 승장 효과 → 안면부종, 치주질환, 치통

[2] 음계(陰系) 주로 팔다리 안쪽과 몸 앞면에 분포하는 경맥

본격적인 고양이 마사지를 시작하기에 앞서

고양이 마사지를 시작하기에 앞서
반드시 기억해 두어야 할 것이 있습니다.

고양이 마사지의 효과

고양이 마사지는 질환이나 트러블을 단순한 문제로 보지 않고, 고양이의 육체적·정신적 문제의 원인과 감정 변화를 관찰하여 심신의 밸런스를 취하도록 돕는 것입니다. 고양이에게 꾸준히 마사지를 해줌으로써 혈액순환을 좋게 하고, 세포에 보다 많은 산소를 공급하여 노폐물을 효율적으로 배출시키는 효과를 기대할 수 있습니다. 또한, 고양이와 직접 접촉하는 시간을 지속적으로 갖게 되면서 서로 간의 신뢰를 향상시키는 등 심리적인 효과를 통해 반려인과 고양이의 사이가 한층 좋아지게 될 것입니다.

고양이 마사지의 기본

1. 항상 릴랙스 상태에서 시도한다

고양이에게 염증, 종기, 외상, 골절 등이 있는 경우에는 절대로 마사지를 하면 안 됩니다. 고양이가 발열이나 쇼크를 일으키고 있는 경우나 임신, 공복, 식후에도 삼가야 합니다. 고양이가 싫어하는 경우에는 도리어 스트레스가 되므로 서로 릴랙스한 시간에 마사지를 해야 합니다.

2. 먼저 익숙하도록

갑자기 마사지를 시작하지 말고 서로 놀면서 익숙해진 다음에 시작하도록 합니다.

3. 고양이와 반려인이 상처를 입지 않도록

서로 상처를 입지 않도록 반려인의 손톱과 고양이 발톱 손질을 깨끗하게 합시다. 반려인은 반지, 시계 등의 장신구를 착용하지 않도록 합니다.

4. 고양이의 전체를 본다

마사지하는 부분만 보지 말고 의식적으로 고양이의 전체를 보면서 컨디션을 체크합니다.

5. 반응을 본다

고양이가 기분 좋은 표정을 짓는 것이 가장 좋지만, 혹시 내키지 않는 얼굴을 하고 있지 않은가를 꼭 확인하면서 마사지를 합니다.

6. 효과를 직접 체감해 보자

반려인도 고양이와 같은 경혈을 마사지하여 효과를 체감해 봅시다. 손가락 끝에서 전해지는 감각을 직접 확인함으로써 더 나은 마사지를 할 수 있고, 또한 고양이의 기분도 이해할 수 있습니다.

마사지는 '치유하는 것'

고양이 마사지는 의료행위가 아닙니다. 치료가 아닌 치유하는 것이라는 의식을 갖고 시작해야 합니다.

7.

8. 애정을 담는다

고양이 마사지는 서로의 교감이 바탕이 되어야 합니다. 손가락 끝의 힘만이 아니라 애정을 담아 마사지해 주세요.

마사지의 기본 테크닉

이 책에서 기본이 되는
7가지 고양이 마사지 테크닉을 연습해 봅시다.

1. 스트로크

문질러 준다

부드럽게 문질러 준다

손을 브러시처럼 하여 몸과 털의 흐름에 따라서 마사지합니다. 처음에는 부드럽게 천천히, 익숙해지면 조금씩 힘을 넣어 빨리 움직입니다. 마사지할 때는 엄지손가락 이외의 네 손가락을 가지런히 하여 사랑을 담아 고양이의 몸을 부드럽게 문질러 줍니다.

1. 엄지손가락으로 문질러 준다.

조금 힘을 넣어 문질러 줍니다.

2. 엄지손가락 이외의 손가락으로 문질러 준다.

엄지손가락보다 부드럽게 문질러 줍니다.

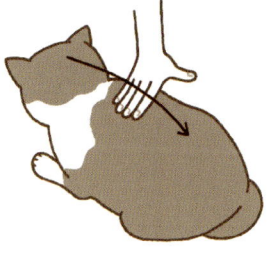

3. 손바닥과 손가락의 연결 부위로 문질러 준다.

힘을 넣어 문질러 줍니다.

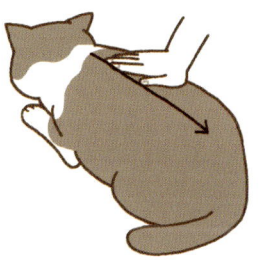

4. 손바닥 전체로 문질러 준다.

넓은 면적을 마사지할 경우의 스트로크입니다.

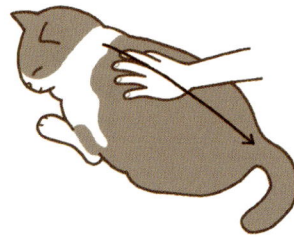

2. 동그라미 마사지

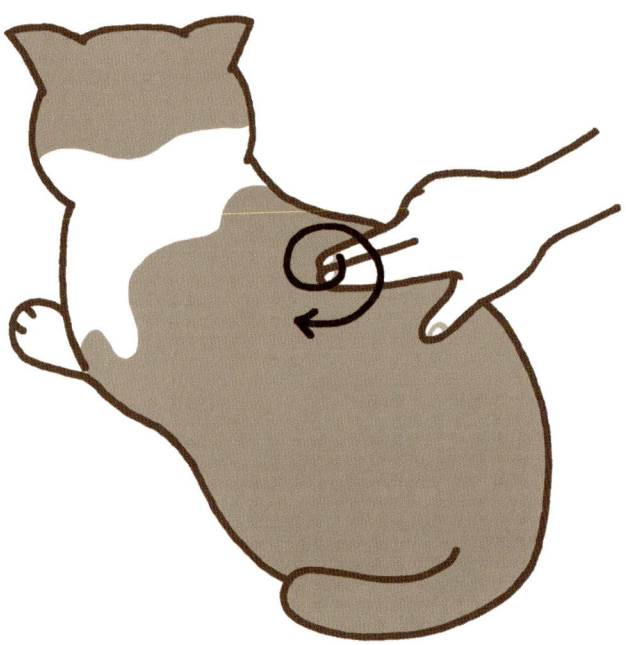

오른쪽으로 소용돌이를 그리며

집게손가락과 가운뎃손가락을 모아 마사지하는 부위를 소용돌이 치는 모양으로 마사지합니다. 동그라미 마사지는 특별히 지정된 범위를 신경 써서 마사지해야 할 때 사용됩니다. 고양이의 오른쪽으로 동그라미를 그리며 회전하면 됩니다.

3.

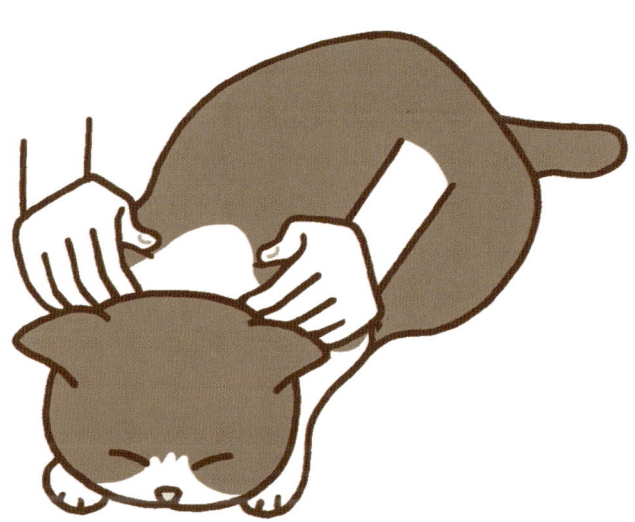

조이듯이 주물러 준다

엄지손가락과 집게손가락, 가운뎃손가락을 모아서 마사지하는 부위를 조이듯이 주물러 줍니다. 어깨를 주무르는 요령으로 해주세요. 근육이 풍부한 목에서 등까지의 경직을 풀 때 사용됩니다.

4. 지 압

point

경혈에 집게손가락을 대고 "하나, 둘, 셋" 하고 세면서 조금씩 힘을 넣습니다. 그대로 3~5초를 유지하다가 다시 "하나, 둘, 셋" 하고 세면서 조금씩 힘을 뺍니다.

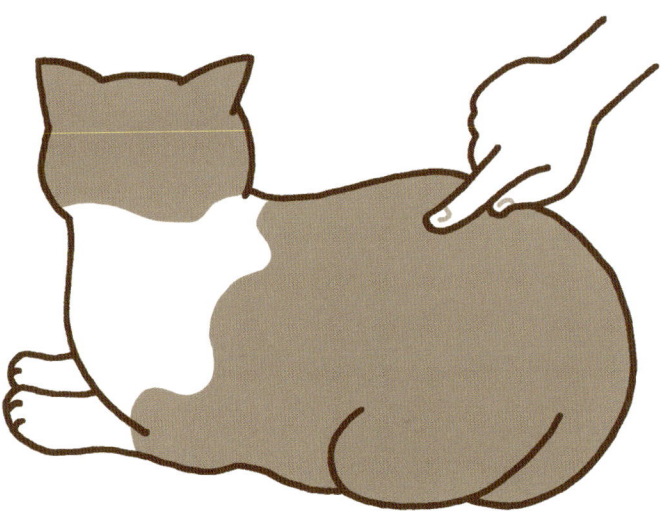

손가락으로 경혈을 자극한다

경혈을 손가락으로 눌러 자극하는 방법입니다. 지압은 집게손가락으로 하는 것이 일반적이며, 집게손가락의 뾰족한 끝보다는 지문이 있는 넓은 부분으로 마사지합니다. 면적이 좁은 발바닥이나 미세한 부분에는 면봉을 사용하여 마사지할 수 있습니다.

5. 두들김

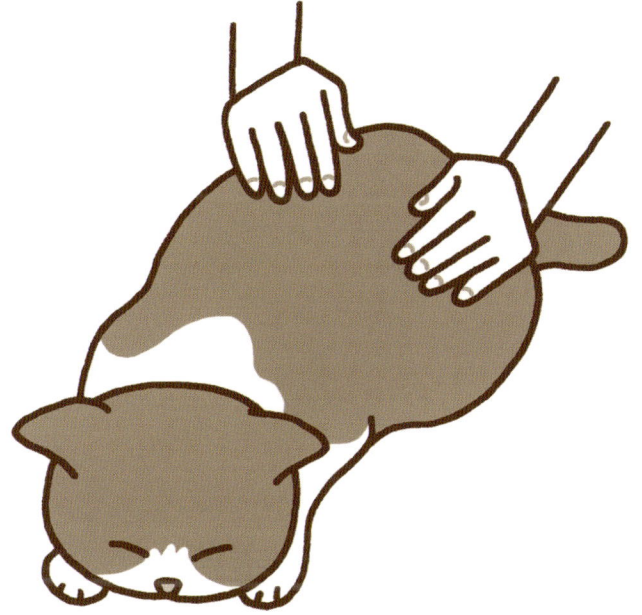

힘을 빼고 끝까지 '가볍게'

다섯 손가락을 가지런히 하고 가볍게 손을 구부려 손바닥을 둥글게 합니다. 그 상태로 '토닥토닥'하는 소리가 나도록 피부를 가볍게 두들깁니다. 가볍게 주먹을 쥐고 두들겨도 효과가 있습니다. 힘이 너무 많이 들어가지 않도록 주의하세요.

6. 픽 업

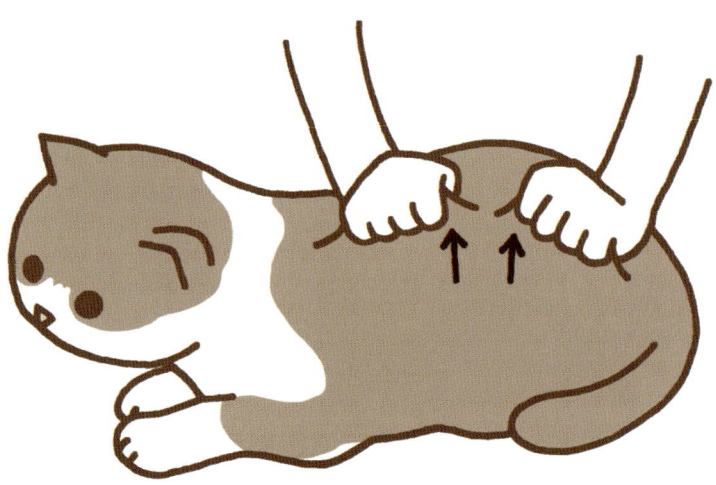

피부를 잡아서 끌어당긴다

피부를 손으로 잡아서 끌어당겨 올리는 마사지입니다. 고양이의 피부는 몸 전체의 약 20%를 차지하고 있는데, 피부는 몸을 보호하는 역할을 하고 있으므로 충분히 풀어 주도록 합니다. 또한, 고양이는 인간보다 피부나 피하조직이 발달해 있으며, 특히 등의 피부에는 경락이나 경혈이 많이 있으므로 효과적입니다.

7.
트위스트

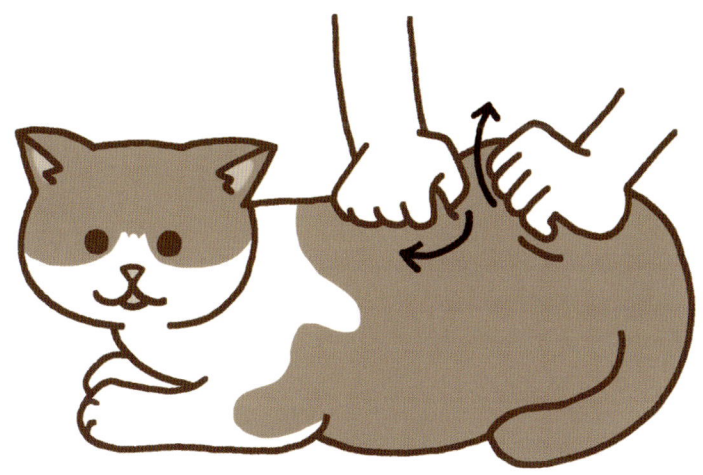

픽업해서 앞뒤로 비튼다

앞 페이지에서 두 손으로 픽업한 피부를 앞뒤로 트위스트합니다. 피부에 효과적인 마사지입니다. 지나치게 잡아당기지 않도록 주의합니다.

고양이 다이어트

'요즘 우리 고양이가 너무 살쪘네……' 하고
느껴져도 무리한 다이어트를 하는 것은 위험합니다.
고양이의 이상적인 다이어트 기준은 1주 동안에 체중의 1~2%를
줄이는 정도입니다. 가벼운 운동이나 마사지로 체중이 줄지 않을
경우에는 식사량을 조금 줄이거나 식사 횟수를 1일 4~6회로 나누어
자주 줍니다. 고양이의 뒤태를 보고 허리의 윤곽선이 없어졌다고
느껴지면 다이어트를 고려해 보아야 합니다. 식사량을
줄이는 경우에는 영양부족이 되지 않도록
수의사와 상담하기 바랍니다.

▶ chapter 2
기본적인 림프 마사지

림프란

고양이의 건강 유지를 위해 경혈과 함께
림프의 흐름을 촉진하는 마사지를 배워 봅시다.

림프의 구성

림프란 체내 세포 사이에 정상적으로 흐르는 액체 성분입니다. 고양이의 몸 역시 수많은 림프관이 그물처럼 분포되어 있습니다. 림프액이 흐르는 림프관이 집중적으로 있는 중계 지점을 림프절이라고 합니다. 림프절은 목, 겨드랑이 아래 등 전신에 있습니다. 쌀알 정도의 크기로, 개체의 차이는 있으나 고양이는 전신에 약 800개 정도의 림프절이 있습니다.

림프가 막히는 원인

고양이가 운동부족일 때는 림프관에 적당한 압력이 걸리지 않기 때문에 림프액의 흐름이 나빠집니다. 차가운 기운이나 저체온 등에 의해 혈액순환이 나빠지거나, 스트레스로 혈관의 수축이나 근육의 긴장을 일으켰을 때도 림프액은 흐름이 어려워집니다. 또한, 배뇨 횟수가 적어지거나 염분의 과다섭취와 노화로도 림프의 흐름이 막히는 경우가 있습니다.

4대 림프절과 림프의 최종 출구

고양이에게 림프 마사지를 함에 있어서 주축이 되는 것은 '4대 림프절'과 '림프의 최종 출구'입니다. 4대 림프절이란 몸의 표면 가까이에 있는 특히 중요하고 큰 림프절로서 경부(頸部, 목) 림프절, 액와(腋窩, 겨드랑이) 림프절, 서혜부(鼠徑, 사타구니) 림프절, 슬와(膝窩, 무릎) 림프절을 가리킵니다. 림프의 최종 출구는 왼쪽 어깨뼈 앞쪽에 있습니다.

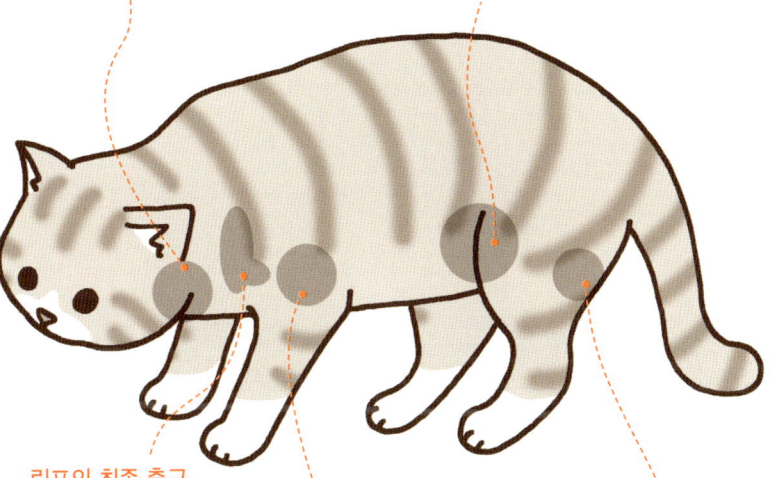

경부 림프절
이 림프절이 막히면 얼굴이 붓거나, 외이염, 구내염 등이 낫기 어렵습니다.

서혜부 림프절
하반신에 림프액이 흘러 들어가는 대동맥 같은 장소로, 막히면 붓거나 피부가 늘어지는 증상이 나타납니다.

림프의 최종 출구

액와 림프절
겨드랑이에 통증을 느낀다면 감기의 징조가 있는 것입니다.

슬와 림프절
이 림프절이 막히면 무릎이 아프거나, 다리가 아프거나, 다리가 풀리는 등의 증상이 나타납니다.

4대 림프절 마사지

고양이의 건강 유지, 증진을 위한 본격적인 '고양이 마사지'를 시작해 봅시다. 가장 기본적인 림프절 마사지는 앞 페이지에서 소개했던 것처럼 고양이의 몸 안에 림프관이 그물처럼 집중되어 있는 중계 지점인 림프절을 마사지하는 것입니다. 고양이의 몸에서도 중요한 림프절을 매일 마사지해 주면 몸 안에 쌓인 피로 물질이나 노폐물 등을 배출시키고 면역력을 강화시켜 질병을 예방할 수 있습니다.

6~10회

1 림프의 최종 출구를 문질러 준다

먼저 림프의 최종 출구(왼쪽 어깨뼈의 앞쪽)를 엄지손가락 이외의 4개의 손가락을 모아 부드럽게 문질러 주어 림프의 최종 출구를 엽니다.

좌우
각 6~10회

2 경부 림프절 마사지

엄지손가락 이외의 4개의 손가락을 모아 턱에서 목을 향해 부드럽게 문질러 줍니다.
그리고 림프의 흐름을 상상하면서 목에서 어깨로 부드럽게 쓰다듬어 내려갑니다.

6~10회

3 등 마사지

다섯 손가락을 모아서 가볍게 손을 구부린 상태로 등을 부드럽게 두드려 전신의 림프에 가벼운 진동을 줍니다.

4 어깨-앞다리의 림프절

어깨에서 앞다리의 발톱 끝까지 소용돌이 모양으로 뱅글뱅글 돌리며 문질러 줍니다.

좌우 각 6~10회

5 액와 림프절

고양이의 등 뒤에서 집게 손가락 측면이 겨드랑이에 닿도록 양손을 넣고 가볍게 쥐듯이 문질러 줍니다.

좌우 각 6~10회

6

서혜부 림프절

고양이의 등 뒤에서 넓적다리 안쪽으로 양손을 넣고, 손가락의 두 번째 관절 부분을 사용하여 서혜부 림프절을 가볍게 누르며 주물러 줍니다.

좌우 각 6~10회

7

슬와 림프절

슬와 림프절의 상하 부위를 각각 양손의 엄지손가락과 집게손가락, 가운뎃손가락으로 쥐었다 폈다 하며 교대로 주물러 줍니다.

좌우 각 6~10회

얼굴 마사지

얼굴에 낀 노폐물은 안면이 붓는 원인이 됩니다. 얼굴의 노폐물을 아래턱 림프절에 모아 부드럽게 배출합시다.

기본적인 림프 마사지

2장

1 얼굴을 문질러 준다

6~10회

엄지손가락으로 입언저리에서 귀뿌리를 향해 문질러 나갑니다. 마찬가지로 코 가장자리, 눈 밑, 눈썹 안쪽에서도 귀뿌리를 향해 문질러 줍니다.

2 귀의 뒤쪽에서 목 밑까지 동그라미 마사지

좌우 각 6~10회

귀의 뒤쪽에서 목 밑을 향해 동그라미 마사지를 합니다.

좌우
각 6~10회

3 귀뿌리를 주물러 준다.

귀뿌리를 엄지손가락이나
집게손가락으로 주물러 줍니다.

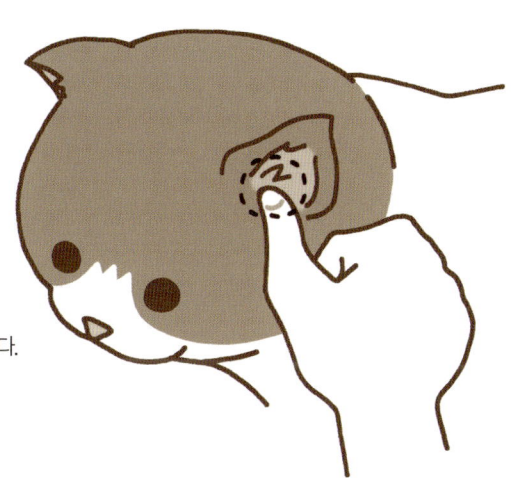

좌우
각 6~10회

4 태양[1]을 마사지한다

엄지손가락으로 눈꼬리
바깥쪽에 있는 태양을
동그라미 마사지합니다.

1 **태양**(太陽) 경외기혈(經外奇穴). 눈썹 바깥쪽에서 약간 아래쪽의 경혈

5 찬죽¹을 주물러 준다

엄지손가락으로 눈썹 안쪽 부분에 있는 찬죽을 누르면서 마사지합니다.

6 견정²을 문질러 준다

견정을 엄지손가락을 제외한 4개의 손가락으로 누르면서 아래위로 문질러 줍니다.

1 **찬죽(攢竹)** 족태양방광경(足太陽膀胱經)의 경혈. 눈 사이에 오목한 곳
2 **견정(肩井)** 족소양담경(足少陽膽經)의 경혈. 빗장뼈(쇄골)와 어깨뼈가시(견갑극: 견갑골 뒤에 있는 가시 돌기)의 중간에 위치

7 얼굴 픽업 마사지

양손으로 얼굴을 살짝 당겨 픽업 마사지를 합니다.

6~10회

6~10회

8 염천[3]을 픽업한다

목덜미의 연골 돌기 위 둘레에 있는 염천을 픽업 마사지합니다.

3 염천(廉泉) 침이 분비되는 구멍

발의 경혈 마사지

앞다리에도 많은 경혈이 있는데,
그중 중요한 몇 가지를 소개합니다.

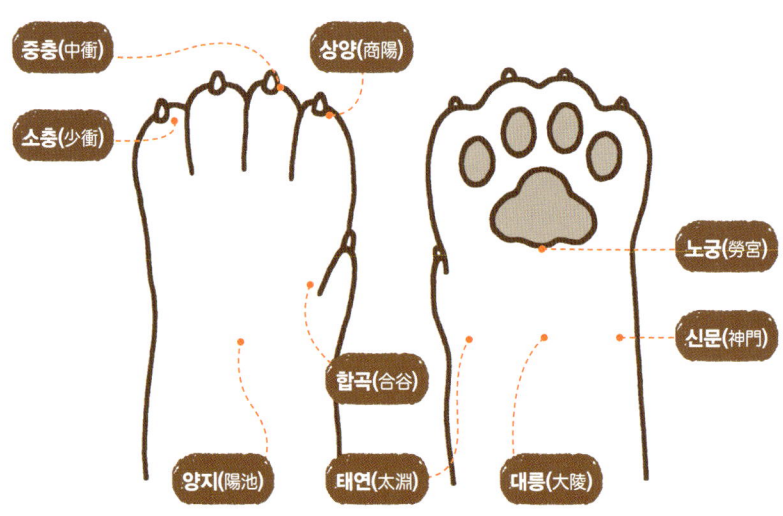

- ● 소충　새끼발가락의 안쪽 발톱 가장자리
- ● 중충　가운뎃발가락의 안쪽 발톱 가장자리
- ● 상양　두 번째 발가락의 안쪽 발톱 가장자리
- ● 합곡　엄지발가락과 두 번째 발가락이 만나는 곳에서 두 번째 발가락 쪽
- ● 양지　발목 바깥쪽의 등 중앙
- ● 태연　발목 안쪽의 첫 번째 관절 연결부의 경혈
- ● 대릉　발목 안쪽의 중앙
- ● 노궁　발바닥 큰 육구¹의 연결부 중앙
- ● 신문　발목과 새끼발가락 연결부의 경혈

1 **육구(肉球)** 동물의 발바닥에 있는 털 없이 맨살이 드러난 부분

얼굴의 경혈 마사지

얼굴의 경혈은 부기를 빼거나 눈의 피로를 없애는 효과가 있습니다.

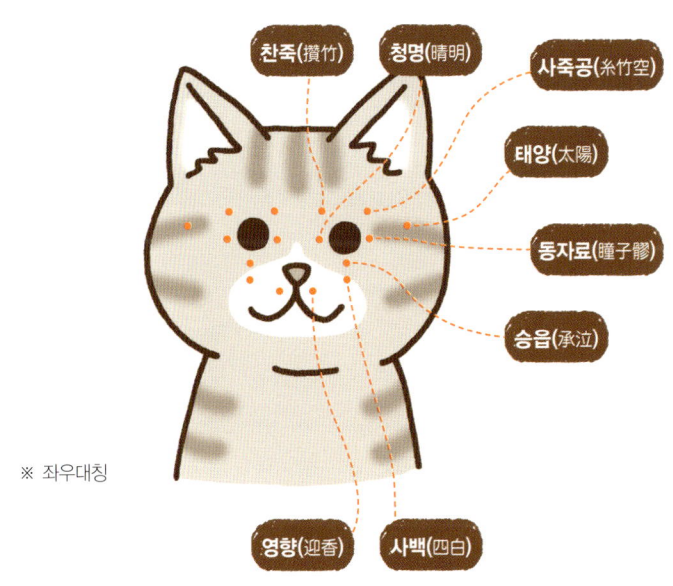

※ 좌우대칭

- **청명**   눈시울
- **찬죽**   청명의 위, 눈썹 안쪽
- **사죽공**   눈썹 바깥쪽
- **동자료**   눈꼬리
- **승읍**   눈 밑 중앙
- **사백**   승읍의 아래
- **영향**   콧구멍 바깥쪽
- **태양**   눈썹 바깥쪽에서 약간 아래쪽의 경혈

고양이 꼬리

고양이 꼬리는 기분의 바로미터입니다.
여기서는 고양이 꼬리에서 읽을 수 있는 고양이의
메시지를 소개합니다. 기본적으로 꼬리를 흔들흔들하고
있는 것은 릴랙스한 기분일 때입니다. 아무것도 하고 있지 않지만,
편안하고 포근한 기분입니다. 반대로 기분이 좋지 않거나 매우
흥분해 있을 때는 꼬리로 바닥을 탕탕 칩니다. 점프에 실패했거나
편히 쉬고 있을 때 방해를 받으면 흔히 볼 수 있는
현상입니다. 그리고 극도로 긴장하거나 놀라게 되면
꼬리를 부풀려 위협을 합니다.

▶ chapter 3
목적별 마사지
(릴랙스 편)

어깨결림

고양이가 '어깨가 결려'라고 말을 하지는 않지만, 고양이도 인간과 마찬가지로 어깨결림을 느낍니다. 실제로 '어깨가 결리는군' 하고 느끼고 있는지 어떤지는 둘째 치더라도, 어깨 주변을 문질러 주면 고양이는 편안한 얼굴을 합니다. 고양이에게도 쇄골은 있지만, 그 역할은 퇴화하였기 때문에 몸과 앞다리를 연계하고 있는 근육에 대한 부담이 인간보다 더 가중된다고 판단됩니다. 또한, 스트레스, 생활습관병, 눈의 피로 역시 고양이의 어깨를 악화시키고 있는 요인입니다.

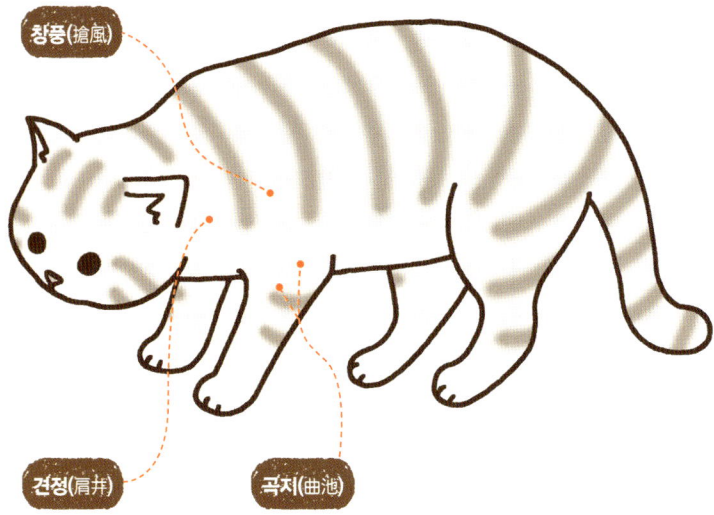

- ● 견정 어깨뼈 앞의 좌우 경혈(좌우 각 하나씩)
- ● 곡지 앞다리 고관절을 구부렸을 때 생기는 주름의 바깥쪽(좌우 각 하나씩)
- ● 창풍 어깨 관절의 뒤쪽 경혈(좌우 각 하나씩)

기본적인 어깨결림 마사지

좌우 각 6~10회

1 어깨 스트로크

등과 어깨뼈를 위에서 아래로 스트로크합니다.

좌우 각 6~10회

2 견정 마사지

견정을 집게손가락, 가운뎃손가락, 약손가락으로 지압합니다. 그대로 앞다리를 잡고 앞쪽으로 끌어당겨 돌리듯이 들어 올립니다.

좌우 각 8회

3 창풍 지압

좌우의 창풍을 지압합니다.

4 경부 마사지

목덜미 가운데에 있는 항인대¹ 좌우를 위에서 아래로 향해 가볍게 주물러 주며 마사지합니다.

좌우 각 6~10회

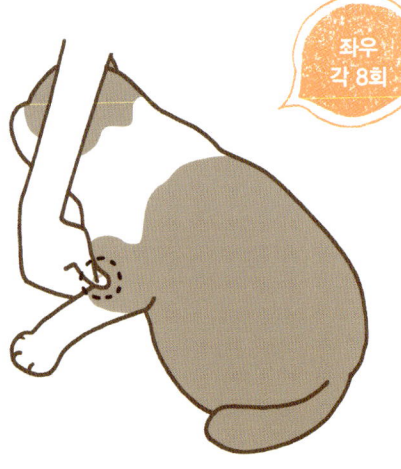

좌우 각 8회

5 곡지 지압

좌우의 곡지를 지압합니다.

6~10회

6 독맥 픽업

양손으로 등의 위쪽에 있는 독맥을 픽업합니다.
(42페이지 참조)

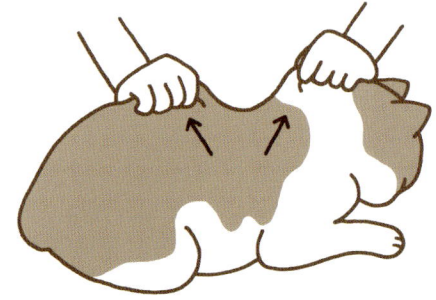

1 항인대(項靭帶) 목덜미 인대

다이어트

최근의 조사에서 고양이의 40%가 비만이라는 보고가 있습니다. 중성화에 따른 비만, 건강을 챙기지 않는 식생활, 스트레스에 따른 비만 등 원인은 여러 가지입니다. 비만이 병은 아니지만, 요통, 심부전, 당뇨병, 암, 아토피 등의 질환을 일으키는 원인이 됩니다. 비만을 해소하기 위해서는 마사지와 함께 당분, 지방을 많이 함유한 캣 푸드를 줄이는 등의 대책도 세워야 합니다.

- **갈점**   좌우의 귓구멍 앞에서 얼굴 쪽에 있는 작은 돌기의 약간 앞에 있는 경혈(좌우 각 하나씩)
- **삼음교**   뒷다리 안쪽 복사뼈와 무릎을 연결하는 선상에서 2/5 되는 지점(좌우 각 하나씩)
- **양로**   앞다리 발목의 바깥쪽. 새끼발가락에서 발목을 향한 선상에 있는 튀어나온 뼈 아래 움푹 팬 곳
- **용천**   뒷다리의 가장 큰 육구의 연결 부위(좌우 각 하나씩)
- **장문**   늑골의 가장 아래 뼈를 가슴에서 차례로 더듬어 간 곳에 있는 옆구리의 돌기(좌우 각 하나씩)
- **찬죽**   눈썹 안쪽(좌우 각 하나씩)
- **사죽공**   눈썹 바깥쪽(좌우 각 하나씩)

호르몬 밸런스 불균형에 따른 비만

목적별 마사지 · 릴랙스 편

3장

6~10회

1 배를 문질러 준다

배를 시계 방향으로 천천히 문질러 줍니다.

좌우 각 6~10회

2 서혜부 림프절을 문질러 준다

서혜부 림프절을 안쪽을 향해 문질러 줍니다.
(57페이지 참조)

6~10회

3 독맥 픽업

양손으로 등의 위쪽에 있는 독맥을 픽업합니다. 그리고 픽업한 양손을 트위스트합니다.
(42페이지 참조)

4 삼음교를 지압한다

뒷다리 안쪽에 있는 삼음교를 지압합니다.

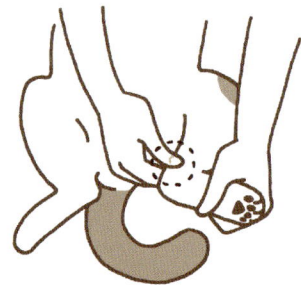

좌우 각 8회

5 양로를 지압한다

6~10회

앞다리 발목의 바깥쪽에 있는 양로를 지압합니다.

무른 살 비만

6~10회

1 배를 문질러 준다

배를 시계 방향으로 천천히 문질러 줍니다.

2 방광경을 문질러 준다

뒷다리 안쪽에 있는 방광경을 몸통 쪽으로 문질러 줍니다.

(36페이지 참조)

좌우 각 6~10회

3 방광경을 주물러 준다

무릎 뒤에서 발뒤꿈치에 걸쳐 방광경의 경락을 엄지손가락과 집게손가락으로 주물럭주물럭 하며 마사지합니다.
(36페이지 참조)

좌우 각 6~10회

좌우 각 6~10회

4 용천을 지압한다

뒷다리 안쪽에 있는 용천을 엄지손가락으로 발끝을 향해 지압합니다.

좌우 각 6~10회

5 갈점을 지압한다

갈점을 엄지손가락 또는 집게손가락으로 지압합니다.

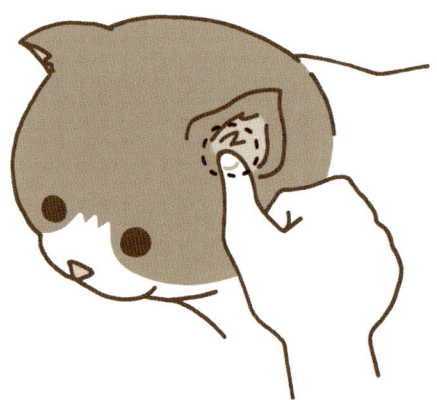

스트레스에 따른 비만

1 배를 가볍게 문질러 준다

배를 시계 방향으로 천천히 가볍게 문질러 줍니다.

(6~10회)

2 옆구리를 문질러 준다

갈비뼈 가장자리를 가슴에서 옆구리에 걸쳐 문질러 줍니다.

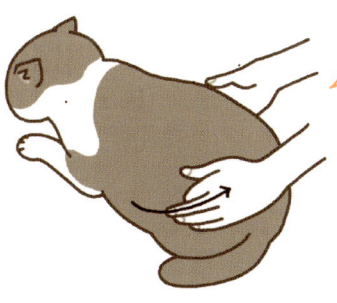

 (6~10회)

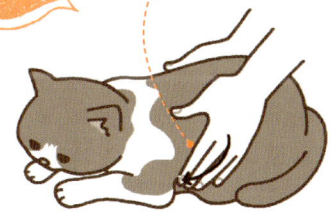

(좌우 각 6~10회)

3 장문을 지압한다

옆구리에 있는 장문이라는 경혈을 가볍게 지압합니다.

4 찬죽-사죽공까지 문질러 준다

눈썹 안쪽에 있는 찬죽에서 눈썹 바깥쪽에 있는 사죽공까지 엄지손가락 또는 집게손가락으로 문질러 줍니다.

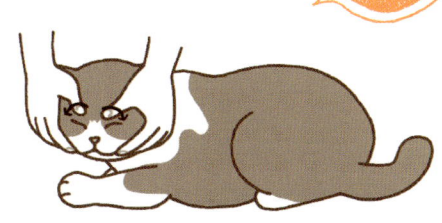

(6~10회)

스트레스 해소

동물의 몸은 스트레스를 느끼면 코르티솔(cortisol)이라는 호르몬을 분비합니다. 코르티솔은 지방을 축적하기 쉽게 만드는 데다가 식욕 억제 호르몬인 렙틴(leptin)을 감소시키므로 비만의 원인이 되기도 합니다. 고양이는 환경의 변화에 따른 스트레스에 매우 민감한 동물입니다. 스트레스가 쌓이게 되면 변을 보는 장소를 잘못 알거나 공격을 하는 등 각종 이상행동을 유발하게 됩니다. 비만이나 질환을 일으키기 전에 꾸준하게 고양이 마사지를 하여 스트레스가 쌓이는 것을 예방하도록 합시다.

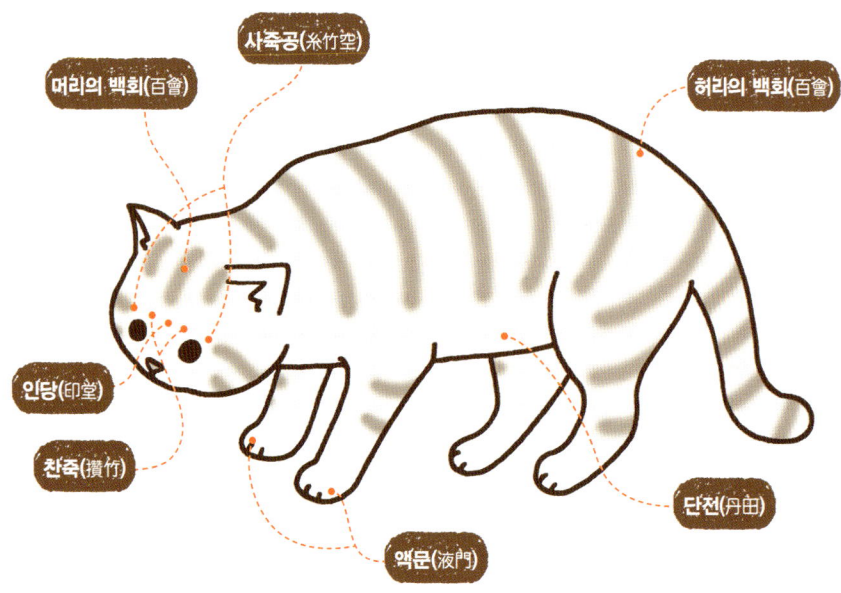

- ● **찬죽**   눈썹 안쪽(좌우 각 하나씩)
- ● **사죽공**   눈썹 바깥쪽(좌우 각 하나씩)
- ● **머리의 백회**[1]   두 귀뿌리를 연결하여 등의 정중앙 선과 교차하는 곳
- ● **허리의 백회**   골반의 폭이 가장 넓은 곳과 등뼈가 교차하는 오목한 곳
- ● **인당**   좌우의 찬죽 중앙
- ● **액문**   앞발의 네 번째 발가락과 새끼발가락이 몸과 연결된 곳(좌우 각 하나씩)
- ● **단전**   배꼽 밑으로 경혈이 아닌 부위

기본적인 스트레스 해소 마사지

1. 찬죽-사죽공까지 문질러 준다

눈썹 안쪽에 있는 찬죽에서 눈썹 바깥쪽에 있는 사죽공까지 엄지손가락 또는 집게손가락으로 문질러 줍니다.

6~10회

2. 인당-머리의 백회를 문질러 준다

양손으로 고양이의 머리를 끼듯이 하여 엄지손가락으로 앞에서 뒤로 문질러 줍니다.

6~10회

3. 볼의 픽업

얼굴의 양쪽 피부를 픽업합니다. 고양이가 웃고 있는 듯한 표정을 짓도록 하는 것이 포인트입니다.

6~10회

---

1 백회(百會) 몸에서 가장 중요한 것이 들어 있는 부분이므로 백회라 함

4 액문을 지압한다

6~10회

앞발에 있는 액문을 지압합니다.

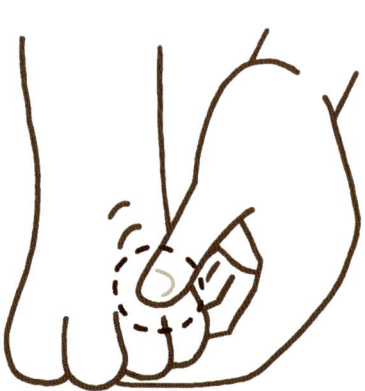

5 단전을 문질러 준다

배꼽 밑에 있는 단전을 동그라미 마사지합니다. 고양이의 머릿속에 쌓인 스트레스를 단전으로 해소시 킨다는 생각으로 문질러 줍니다.

6~10회

마음을 안정시키는 칫솔 마사지

뒷발의 안쪽 바닥을 칫솔을 이용하여 소용돌이 모양으로 브러싱합니다.
발뒤꿈치에 있는 '실면'이라는 경혈에는 마음을 안정시키는 효과가 있습니다.

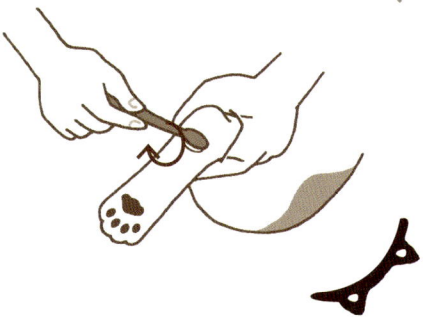

1 **실면(失眠)** 발바닥 정중앙선과 복사뼈의 중심을 지나는 수직선이 서로 만나는 점으로, 발바닥 뒤축 뼈의 중앙점

노화 방지, 면역력 향상

근래에 들어 고양이의 평균수명이 길어졌습니다. 이것은 의료의 진보나 질환의 조기 발견, 반려인들의 의식 향상이 요인이라 보고 있습니다. 그러나 고양이 수명이 길어졌어도 사는 동안 건강한 생활을 하지 못하면 아무 소용이 없습니다. 한의학에서는 신장이 쇠약하면 정력이나 기력이 감퇴하고 원기가 없어진다고 봅니다. 고양이 마사지로 신장을 강화하여 노화를 방지할 수 있을 뿐만 아니라, 고양이가 노령성질환으로 인해 체력이나 면역력이 저하되어 있을 경우에는 마사지를 통하여 회복을 돕는 생명의 에너지를 불어넣어 줄 수 있습니다.

- **극천**　　앞다리의 겨드랑이 밑(좌우 각 하나씩)
- **신수**　　맨 뒤 갈비뼈에 붙어 있는 등뼈에서 2개 뒤의 등뼈(좌우 각 하나씩)
- **후해**　　항문과 꼬리의 연결 부위에 있는 경혈
- **허리의 백회**　　골반의 가장 넓은 부분과 등뼈가 교차하는 곳

기본적인 노화방지마사지

목적별 마사지 · 릴랙스 편

3장

1 앞다리를 문질러 준다

앞다리 안쪽에 있는 경맥을 따라 손목부터 팔 전체에 걸쳐 천천히 문질러 줍니다.

좌우 각 6~10회

2 액와 림프절을 주물러 준다

겨드랑이 밑에 있는 액와 림프절을 주물러 줍니다.

좌우 각 6~10회

좌우 각 6~10회

3 극천을 픽업한다

앞다리의 겨드랑이 밑에 있는 극천을 픽업합니다.

4 신수를 주물러 준다

8회

좌우의 신수를 엄지손가락과 집게 손가락, 또는 가운뎃손가락을 더해 주물러 줍니다.

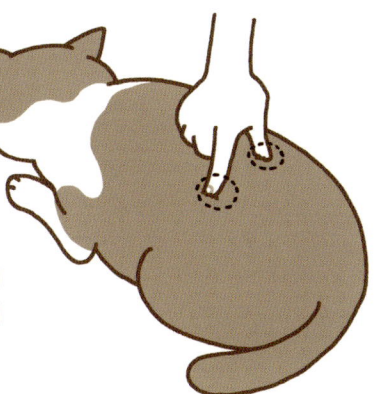

5 후해를 지압한다

3~5회

면봉으로 후해를 지압합니다.

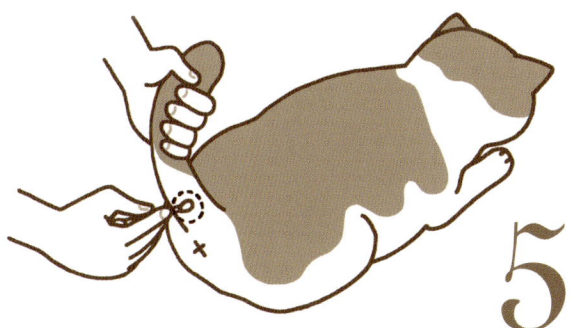

6 허리의 백회 - 머리의 백회를 픽업한다

6~10회

허리의 백회에서 머리의 백회 사이의 독맥을 픽업합니다.

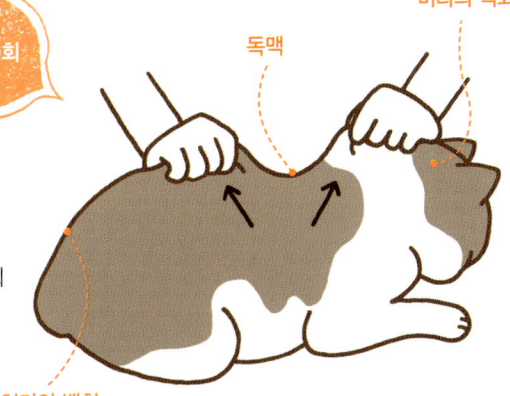

머리의 백회
독맥
허리의 백회

원기 충전

고양이도 인간과 마찬가지로 스트레스나 긴장이 계속되면 경락의 흐름이나 림프액이 막혀 기운이 나지 않습니다. 심리적으로 울적하거나 상심했을 때, 환경이 바뀌었을 때, 반려인의 가족 구성이 바뀌었을 때도 고양이의 원기가 떨어지게 됩니다. 고양이 마사지로 경락이나 림프의 순환을 개선함으로써 몸 안쪽 깊이 있는 원기를 끌어내는 것이 중요합니다.

목적별 마사지 · 릴랙스 편

3장

- **사신총**   두 귀의 양쪽 귀뿌리를 이은 선과 양쪽 코끝에서 머리 가운데로 곧장 뻗은 선이 교차하는 부분. 전후좌우에 4 지점
- **정혈**   발가락의 좌우 끝 부분
- **해계**   뒷다리 발목의 앞뒤 중앙 경혈

원기 충전 마사지

1 ### 배를 문질러 준다
배를 시계 방향으로 천천히 문질러 줍니다.

2 ### 머리를 문질러 준다
오른손을 머리에 대고 천천히 머리를 앞뒤로 문질러 줍니다.

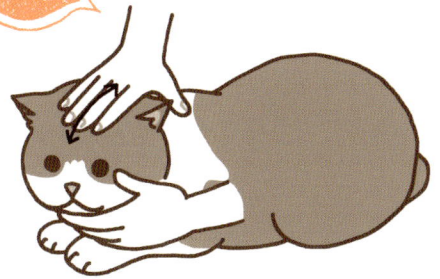

3 ### 사신총을 픽업한다
정수리에 있는 사신총을 가로세로로 픽업합니다.

4. 앞다리를 문질러 준다

앞다리 위에 있는 경혈을 따라 손목부터 팔에 걸쳐 천천히 문질러 줍니다.

좌우 각 6~10회

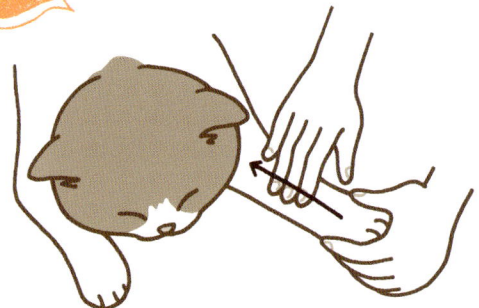

5. 정혈을 당긴다

앞다리, 뒷다리의 정혈을 바깥쪽을 향해 좌우에서 누르면서 당깁니다.

좌우 각 6~10회

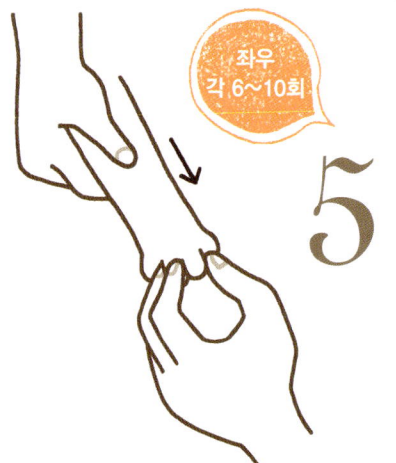

6. 해계를 지압한다

뒷다리의 해계를 면봉으로 지압합니다.

좌우 각 6~10회

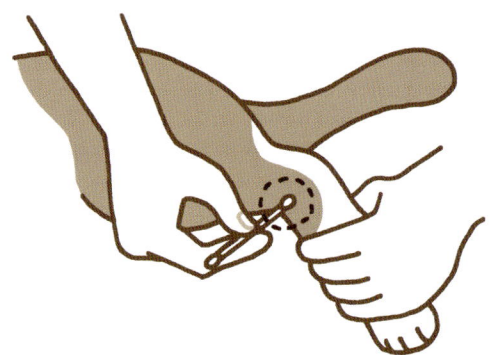

집중력 향상

1 후두부를 쓰다듬는다

목의 연결 부위까지 후두부를 쓰다듬어 내립니다.

좌우 각 6~10회

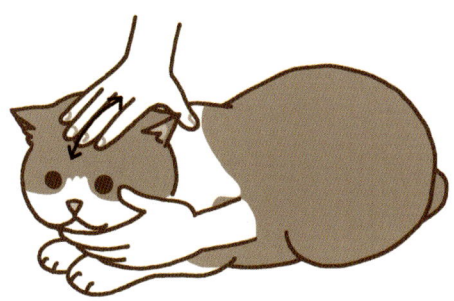

2 측두부를 지압한다

눈 옆의 측두부를 동그라미 마사지합니다.

각 6~10회

3 목을 쓰다듬는다

목의 측면을 위에서 아래로 좌우 교대하여 쓰다듬어 줍니다.
목의 아래쪽에서 앞다리 방향으로 부드럽게 마사지 합니다.

좌우 각 6~10회

따뜻한 타월 마사지

따뜻한 타월을 사용하여 가볍게 마사지하면
고양이 몸에 묻은 오물을 닦아낼 수 있어서 일석이조
입니다. 헌 타월을 준비하여 약간 뜨겁다고 느낄 정도의
따뜻한 물에 담급니다. 젖은 타월을 꼭 짜서 타월의 열기를
제거하면 준비 완료. 목 뒤를 문지르거나 양손으로 허리둘레를
따뜻하게 하거나 배, 다리 등을 정성껏 닦습니다.
뒷다리는 감싸듯이 하여 발뒤꿈치부터 발톱 끝까지 데웁니다.
한쪽 손으로 다리와 몸의 연결 부위 근처를 잡으면
타월 마사지가 훨씬 용이합니다.

▶ chapter 4
목적별 마사지
(트러블 편)

배뇨 트러블

고양이도 빈뇨, 다뇨, 무뇨, 혈뇨, 잔뇨감 등의 증상이 나타날 때가 있습니다. 특히 중성화한 수고양이에게서 흔히 볼 수 있는데, 방에서 기르고 있거나 비만이 있거나 건조한 식품을 좋아하거나 신경질적이거나 계절이 바뀔 무렵에 나타나는 경우가 많습니다. 이것은 방광에 습열(濕熱)이 쌓이는 것이 원인입니다. 신장, 방광의 습열을 없애 줌으로써 트러블을 회복시킬 수 있습니다.

목적별 마사지·트러블편

4장

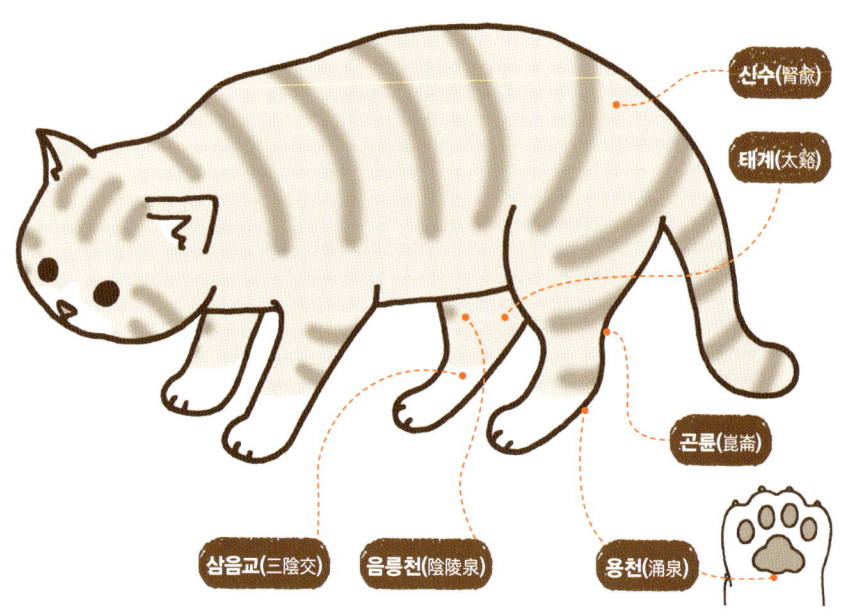

- ● **삼음교** 뒷다리 안쪽 복사뼈와 무릎을 연결하는 선상에서 2/5 되는 지점(좌우 각 하나씩)
- ● **용천** 뒷다리의 가장 큰 육구의 연결 부위(좌우 각 하나씩)
- ● **음릉천** 삼음교에서 뼈를 위쪽으로 더듬어 올라가서 뼈가 구부러져 멈춘 지점(좌우 각 하나씩)
- ● **태계** 뒷다리 안쪽 복사뼈 뒤에서 아킬레스건 사이의 오목한 지점(좌우 각 하나씩)
- ● **곤륜** 뒷다리 바깥쪽 복사뼈 뒤에서 아킬레스건 사이의 오목한 지점(좌우 각 하나씩)
- ● **신수** 맨 뒤 갈비뼈에 붙어 있는 등뼈에서 2개 뒤의 등뼈(좌우 각 하나씩)

기본적인 배뇨 마사지

1. 배를 문질러 준다

배를 시계 방향으로 천천히 문질러 줍니다.

6~10회

2. 뒷다리 삼양경[1]을 문질러 준다

뒷다리 바깥쪽을 넓적다리에서 발톱 끝을 향해 문질러 줍니다.

좌우 각 6~10회

3. 갈비뼈에서 뒷다리를 문질러 준다

맨 뒤 갈비뼈에서 넓적다리 부분에 걸쳐 문질러 줍니다.

좌우 각 6~10회

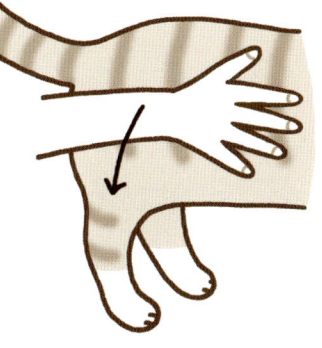

---

1 **삼양경(三陽經)** 경락(經絡)의 세 가지 양(陽)의 경맥. 태양경, 소양경, 양명경을 이른다

4 서혜부 림프절을 문질러 준다

허벅지 안쪽을 향해 서혜부 림프절을 문질러 줍니다.

좌우 각 6~10회

목적별 마사지·트러블편

4장

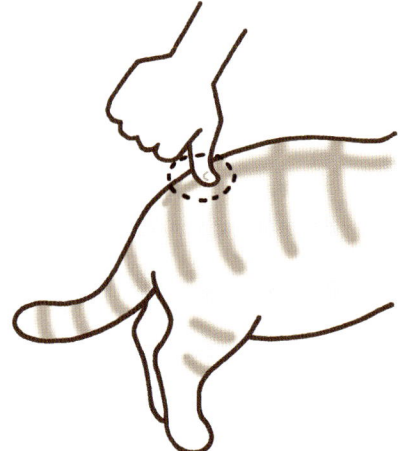

5 등의 신수를 지압한다

등에 있는 신수를 지압합니다.

좌우 각 6~10회

좌우 각 6~10회

6 뒷다리의 삼음교를 지압한다

뒷다리 안쪽에 있는 삼음교를 지압합니다.

뒷다리의 용천을 지압한다

뒷다리 안쪽에 있는 용천을 엄지손가락으로 발끝을 향해 지압합니다.

좌우 각 6~10회

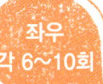
좌우 각 6~10회

뒷다리의 음릉천을 지압한다

뒷다리 안쪽에 있는 음릉천을 지압합니다.

뒷다리의 발목을 주물러 준다

뒷다리의 발목 양쪽에 있는 태계와 곤륜을 주물러 줍니다.

좌우 각 6~10회

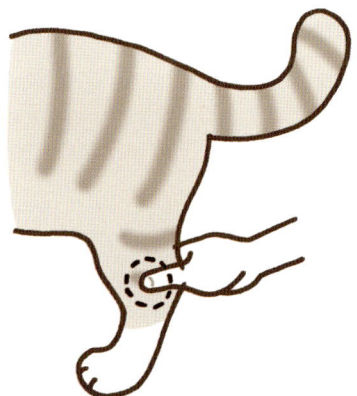

위장 트러블

배에는 간장, 담낭, 위, 십이지장, 대장, 소장, 신장, 방광 등 중요한 기관이 있습니다. 고양이의 경우 복통, 설사, 변비, 구토 등의 증상은 인간 이상의 빈도로 발생합니다. 구토를 하거나 소화불량을 일으켰을 때는 마사지로 위나 장에 체액이 정상적으로 순환하도록 해 줌으로써 본래의 건강한 상태로 회복시켜 주어야 합니다.

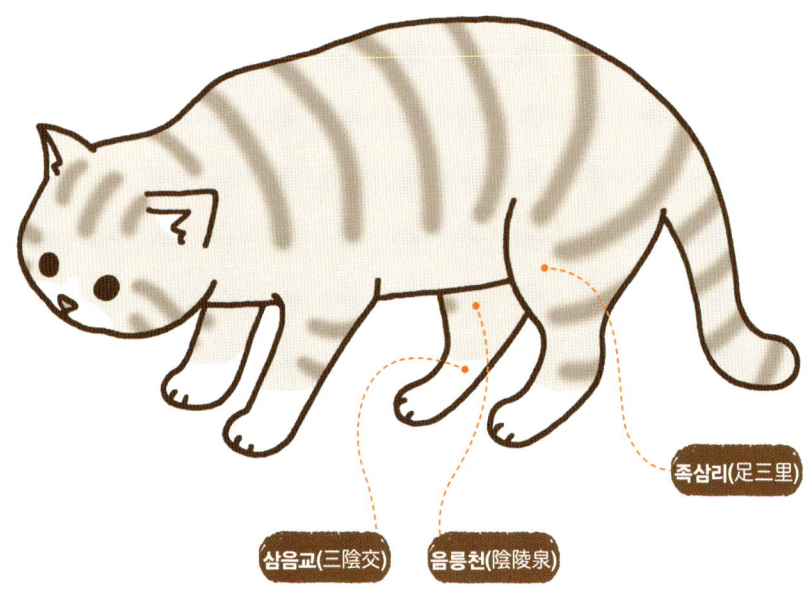

- **삼음교** 뒷다리 안쪽 복사뼈와 무릎을 연결하는 선상에서 2/5 되는 지점(좌우 각 하나씩)
- **족삼리** 뒷다리의 바깥쪽 무릎과 바깥 복사뼈를 연결하는 선상에서 무릎관절 1/4 지점에 있는 경혈(좌우 각 하나씩)
- **음릉천** 삼음교에서 뼈를 위쪽으로 더듬어 올라가서 뼈가 구부러져 멈춘 지점(좌우 각 하나씩)

좌우
각 6~10회

1. 허리를 문질러 준다

양쪽 손바닥을 고양이에 대고
어깨뼈를 향해 문질러 줍니다.

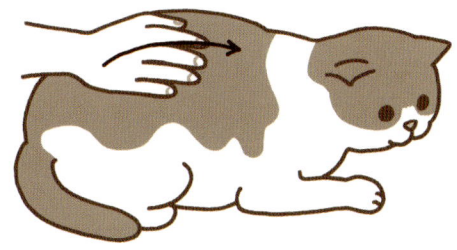

6~10회

2. 배를 문질러 준다

배를 시계 방향으로 천천히
문질러 줍니다.

6~10회

3. 배를 +자로 문질러 준다

배꼽을 중심으로 상하좌우
+자로 문질러 줍니다.

4 족삼리를 지압한다

뒷다리 바깥쪽에 있는 족삼리를 지압합니다.

좌우 각 6~10회

5 뒷다리의 음릉천을 지압한다

뒷다리 안쪽에 있는 음릉천을 지압합니다.

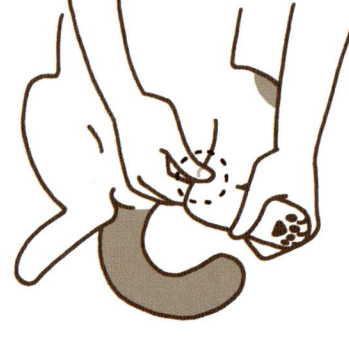

좌우 각 6~10회

6 뒷다리의 삼음교를 문질러 준다

뒷다리 안쪽에 있는 삼음교를 문질러 줍니다.

좌우 각 6~10회

목적별 마사지 · 트러블편

4장

배변 트러블

고양이에게도 변비, 무른 변, 설사 등의 배변 트러블이 자주 있습니다. 원인은 편식, 소식을 하거나 수분 섭취 부족, 운동 부족, 스트레스, 비만 등 여러 가지입니다. 고령의 고양이도 변비나 무른 변으로 고생하는 경우가 많습니다. 한의학에서는 설사를 할 때나 변비일 때도 같은 경혈을 자극합니다. 여기에서는 설사, 무른 변, 변비 등의 트러블을 개선하는 쾌변 마사지를 소개합니다.

- **대장수** 허리뼈의 양쪽(좌우 각 하나씩)
- **소장수** 대장수를 뒤쪽으로 더듬어 가서 골반에 닿는 곳에 있는 양쪽 부분(좌우 각 하나씩)
- **족삼리** 뒷다리 바깥쪽 무릎과 바깥 복사뼈를 연결하는 선상에서 무릎관절 1/4 지점에 있는 경혈(좌우 각 하나씩)

기본적인 배변 마사지

목적별 마사지 · 트러블 편

4장

1. 배를 문질러 준다

배를 시계 방향으로 천천히 문질러 줍니다.

6~10회

2. 등을 문질러 준다

두 손을 허리에 대고 어깨뼈를 향해 올라가며 주물러 줍니다.

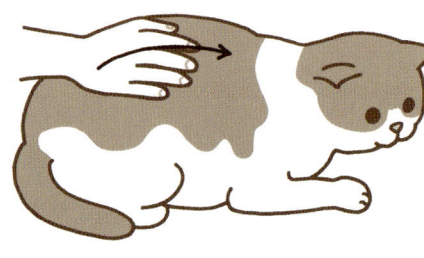

좌우 각 6~10회

3. 액와 림프절을 문질러 준다

겨드랑이 밑에 있는 액와 림프절을 문질러 줍니다.

좌우 각 6~10회

대장수, 소장수를 지압한다

대장수, 소장수를 지압합니다. 설사일 때는 부드럽게, 변비일 때는 강하게.

각 6~10회

족삼리를 지압한다

뒷다리 바깥쪽에 있는 족삼리를 지압합니다.

좌우 각 6~10회

위장 컨디션을 조절하는 칫솔 마사지

배를 칫솔을 사용하여 동그라미 마사지를 합니다. 배의 정중앙 선에는 임맥과 경락이 있는데, 배의 컨디션을 조절하는 작용을 합니다.

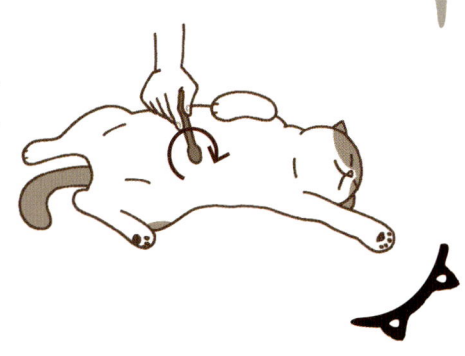

수면 트러블

불면의 원인은 여러 가지지만, 정신적 스트레스에 기인하는 경우가 대부분입니다. 불면뿐만 아니라, 집 지키기가 계속된다든가 환경이 바뀌어 아침에 너무 일찍 잠이 깨거나 잠이 덜 깨어서 얼떨떨한 경우도 있습니다. 나이 든 고양이의 경우 인지증(認知症, 치매)을 일으켜 밤낮이 바뀌는 경우도 있습니다. 이와 같은 수면 트러블에는 마사지가 매우 효과적입니다. 뇌의 긴장을 해소하고 대뇌를 쉬게 하며, 양질의 수면이 될 수 있도록 마사지로 혈류를 개선하도록 합시다.

목적별 마사지 · 트러블편

4장

- 신회   사람의 경우 이마의 중앙인데, 고양이의 경우는 앞머리 털이 난 언저리 부분
- 머리의 백회   두 귀뿌리를 연결하여 등의 정중앙 선과 교차하는 곳
- 신문   앞다리 발목 아래에 있는 엄지발가락 작은 육구의 오목한 곳
- 실면   뒷다리 안쪽 발뒤꿈치의 튀어나온 부분(좌우 각 하나씩)

기본적인 수면마사지

1 정수리를
문질러 준다

두 손으로 머리를 잡고 정수리부터
후두부를 향해 바깥쪽으로 반원을
그리듯이 천천히 문질러 줍니다.
신회와 머리의 백회를 자극합니다.

6~10회

2 앞다리 바깥쪽을
문질러 준다

앞다리 바깥쪽을 발끝에서
몸통을 향해 문질러 줍니다.

좌우
각 6~10회

3 귀를
동그라미 마사지한다

귀밑을 잡고 동그라미 마사지를
합니다.

좌우
각 6~10회

4 신문을 지압한다

앞다리 안쪽에 있는 신문을 지압합니다. 면봉으로 누르는 것도 좋습니다.

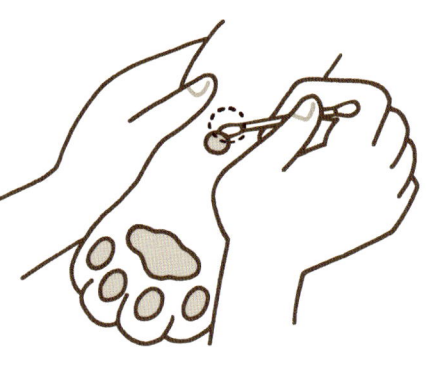

좌우 각 6~10회

5 실면-발톱 끝까지 문질러 준다

뒷다리 안쪽에 있는 실면에서 발톱 끝을 향해 엄지손가락으로 문질러 줍니다.

좌우 각 6~10회

목적별 마사지 · 트러블편

4장

숙면을 위한 칫솔 마사지

칫솔을 사용하여 꼬리의 연결부위에 있는 경혈을 세밀하게 좌우로 브러싱 합니다. 꼬리에 손을 대면 싫어하는 고양이가 많으므로 주의해서 마사지 해야 합니다.

체력 감퇴, 권태감

한의학에서는 원기의 근원을 '정(精)'이라고 합니다. 신장은 중요한 실질성 장기로써 그 안에 '정'이 충만하면 몸도 마음도 건강하여 신장의 기능을 충분히 발휘할 수 있습니다. 반대로 신장 자체가 약하면 '정'을 축적하는 힘이 약해져 전신에 영양분을 돌게 할 수 없습니다. 이와 같은 상태가 계속되면 스트레스로 인한 우울증이 나타나고 식욕도 감퇴합니다. 이런 증상이 나타나기 전에 마사지로 고양이의 원기를 보충하도록 합시다.

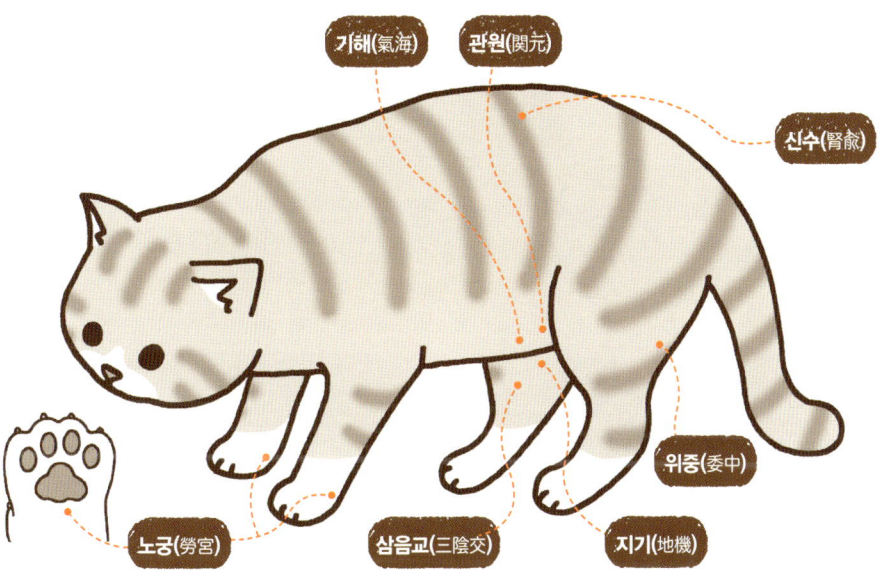

- ● **지기** 뒷다리 안쪽 무릎 바로 밑에 있는 뼈와 안쪽 복사뼈를 연결한 선상(좌우 각 하나씩)
- ● **노궁** 앞다리 발바닥 큰 육구의 연결부 중앙(좌우 각 하나씩)
- ● **신수** 맨 뒤 갈비뼈에 붙어 있는 등뼈에서 2개 뒤의 등뼈(좌우 각 하나씩)
- ● **기해** 배꼽과 치골을 연결하는 선상으로 배꼽에서 1/3 지점
- ● **관원** 배꼽과 치골을 연결하는 선상으로 치골에서 2/5 지점
- ● **삼음교** 뒷다리 안쪽 복사뼈와 무릎을 연결하는 선상에서 2/5 되는 지점(좌우 각 하나씩)
- ● **위중** 무릎 뒤의 중앙부(좌우 각 하나씩)

기본적인 체력감퇴 마사지

1. 명치에서 목까지 문질러 준다

명치에서 목을 향해 문질러 올라갑니다.

각 6~10회

2. 위중에서 발뒤꿈치까지 문질러 준다

무릎 뒤의 중앙에 있는 위중에서 발뒤꿈치를 향해 엄지손가락으로 문질러 줍니다.

좌우 각 6~10회

3. 뒷다리 안쪽을 문질러 준다

삼음교에서 지기까지 문질러 올라갑니다.

좌우 각 6~10회

노궁을 지압한다

앞다리 안쪽 가장 큰 육구의 발목에 있는 노궁을 지압합니다.

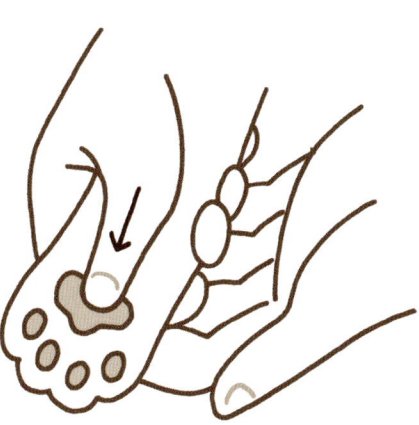

좌우 각 6~10회

신수를 문질러 준다

등뼈의 양쪽에 있는 신수를 문질러 줍니다.

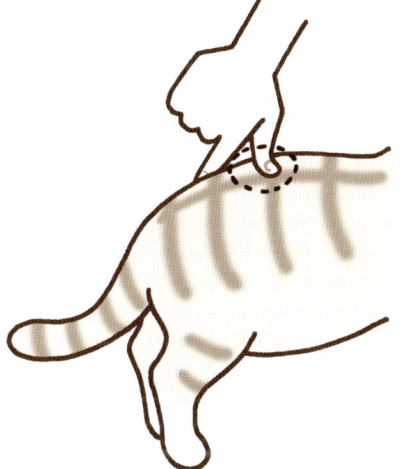

좌우 각 6~10회

기해–관원을 스트로크한다

배꼽 밑에 있는 기해–관원을 집게손가락과 가운뎃손가락으로 스트로크합니다.

좌우 각 6~10회

귀 트러블

고양이가 빈번하게 머리를 마구 휘젓거나 흔들 때에는 내이염, 외이염 등의 귀 트러블을 의심할 수 있습니다. 중국 고전에는 '귀는 신장(콩팥)의 궁(宮)'이라는 말이 있습니다. '궁'이란 혈(穴)을 뜻하며 '귀는 신장의 거울'이라는 의미입니다. 신장과 귀는 밀접한 관계가 있으므로 신장 치료에 도움이 되는 귀 마사지를 해 봅시다.

목적별 마사지 · 트러블편

4장

- **이문** 입을 열었을 때 귀 앞에 생기는 오목한 곳
- **청궁** 아래턱의 연장선상에 있는 귀 앞 오목한 곳. 입을 열었을 때 생긴다(좌우 각 하나씩)
- **풍지** 목의 뒤쪽 중앙에 있는 얕게 오목한 곳(좌우 각 하나씩)
- **조해** 뒷다리 안쪽 복사뼈 밑(좌우 각 하나씩)

기본적인 귀 마사지

각 6~10회

1 뒷다리 안쪽을 문질러 준다

뒷다리 안쪽을 발끝에서 안쪽 허벅지를 향해 문질러 올립니다.

2 복부-가슴을 문질러 준다

손바닥으로 배에서 가슴에 걸쳐 문질러 줍니다.

좌우 각 6~10회

3 귀뿌리를 주물러 준다

귀뿌리의 경혈(이문, 청궁, 풍지)을 주물러 줍니다.

좌우 각 6~10회

4 조해를 지압한다

뒷다리에 있는 조해를 지압합니다.

좌우 각 6~10회

눈 트러블

고양이는 지면이나 바닥 가까이에 얼굴이 있기 때문에 티끌이나 모래, 먼지, 이물질 등이 들어가기 쉬워 안구에 상처가 나거나 충혈을 일으키는 일이 흔히 있습니다. 고양이의 눈이 충혈돼 있거나 눈곱이 발견되면 주의해야 합니다. 이번에는 노화에 따른 백내장, 안구건조증, 결막염 등 눈 트러블에 효과적인 마사지를 소개합니다.

※ 녹내장, 각막염이 걸린 고양이의 경우에는 눈 마사지를 금합니다

목적별 마사지 · 트러블편

4장

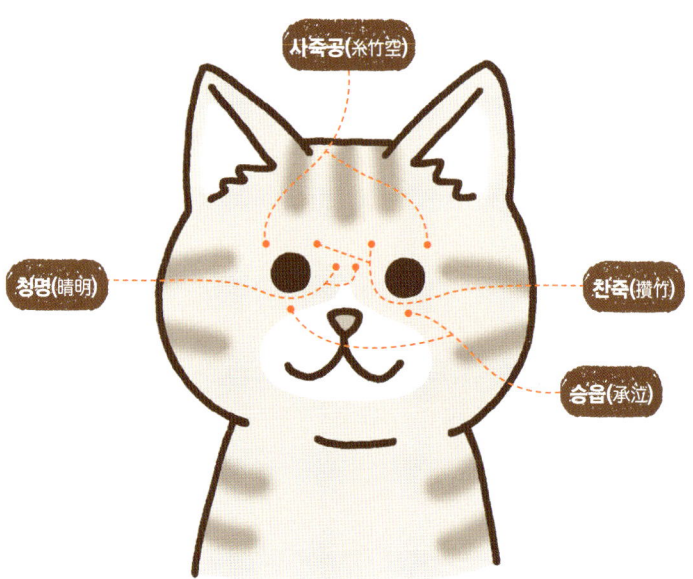

- ● **찬죽**   눈썹 안쪽(좌우 각 하나씩)
- ● **사죽공** 눈썹 바깥쪽(좌우 각 하나씩)
- ● **청명**   눈시울 끝의 약간 위쪽(좌우 각 하나씩)
- ● **승읍**   눈 밑의 오목한 지점(좌우 각 하나씩)

기본적인 눈 마사지

좌우 각 6~10회

1. 앞다리 안쪽을 문질러 준다

앞다리 안쪽을 발가락 끝에서 발꿈치를 향해 문질러 줍니다.

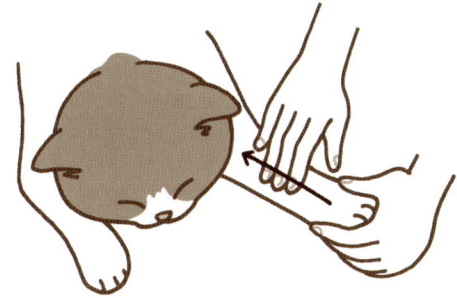

6~10회

2. 찬죽-사죽공까지 문질러 준다

눈썹 안쪽에 있는 찬죽에서 눈썹 바깥쪽에 있는 사죽공까지 엄지손가락 또는 집게손가락으로 문질러 줍니다.

6~10회

3. 눈썹 주변을 픽업한다

눈썹 주변을 조심스럽게 픽업합니다.

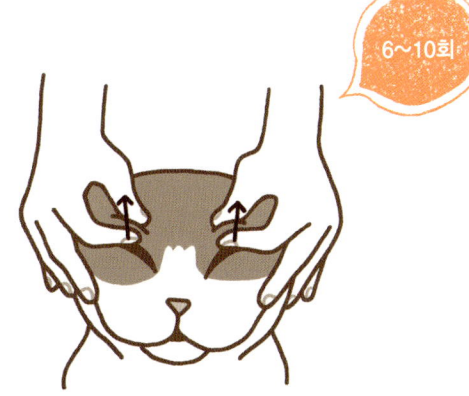

4 청명을 주물러 준다

청명을 가볍게 주물러 줍니다.

6~10회

5 승읍을 주물러 준다

승읍에서 사죽공까지를 주물러 줍니다.

좌우 각 6~10회

눈곱이 끼어 있으면 깨끗이 닦은 다음에 마사지하도록 합시다

앞다리 트러블

네발로 걷는 고양이는 어깨나 발꿈치 통증을 많이 느낍니다. 이럴 때에는 발꿈치의 바깥쪽 경혈이나 림프를 자극해 줌으로써 몸 전체 근육의 밸런스를 잡아 통증이 완화되도록 해야 합니다.

수삼리(手三里)　곡지(曲池)

- **곡지**　앞다리 고관절을 구부렸을 때 생기는 주름의 바깥쪽 (좌우 각 하나씩)
- **수삼리**　앞다리 바깥쪽 발꿈치 관절과 발목 관절을 연결한 선상으로 발꿈치에서 1/6 지점 (좌우 각 하나씩)

기본적인 앞다리 마사지

1 발끝에서 어깨까지 문질러 준다

앞다리의 바깥쪽을 발등에서부터 어깨를 향해 손끝으로 가볍게 문질러 올라갑니다.

좌우 각 6~10회

2 발꿈치 바깥쪽의 꼭짓점을 문질러 준다

엄지손가락으로 발꿈치 바깥쪽의 꼭짓점 부위를 시계 방향으로 문질러 줍니다.

좌우 각 6~10회

3 수삼리를 지압한다

수삼리를 눌러서 지압합니다.

좌우 각 6~10회

4 곡지를 지압한다

곡지를 가볍게 눌러서 지압합니다.

좌우 각 6~10회

뒷다리 트러블

무릎관절이나 고관절 통증은 사람에게 있어서도 참기 힘든 고통입니다. 통증으로 인해 몸을 제대로 구부릴 수조차 없고, 걸을 때마다 빨갛게 부어올라 매우 아프며 추운 겨울에는 냉기가 뼈마디에 침투하여 고통이 심합니다. 이런 증상을 한의학에서는 역절풍(歷節風)이라고 합니다. 이런 증상이 진전되면 관절에만 그치지 않고, 근육에도 영향을 미쳐 발열이나 부종을 일으켜 악화됩니다.

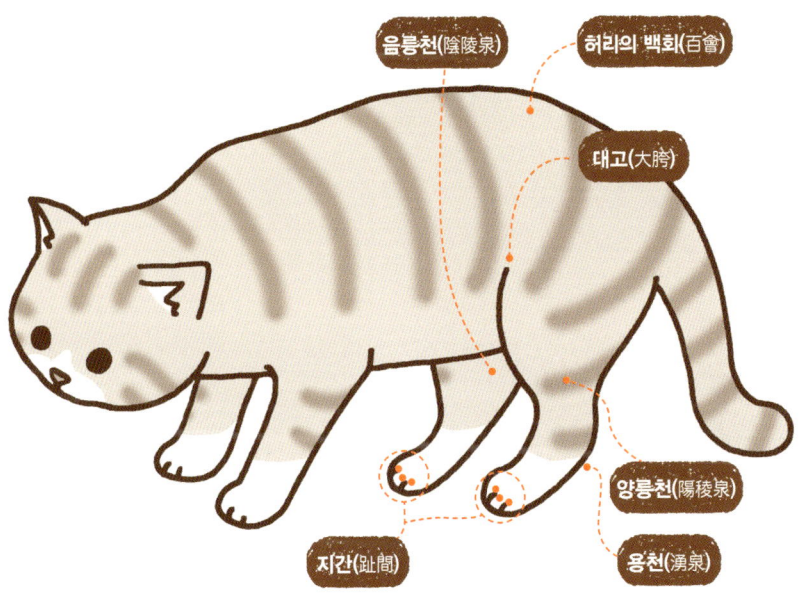

- **대고**   배와 다리가 연결되어 접히는 지점(좌우 각 하나씩)
- **음릉천**   뒷다리 안쪽 무릎 밑의 경혈(좌우 각 하나씩)
- **용천**   뒷다리의 가장 큰 육구의 연결 부위(좌우 각 하나씩)
- **양릉천**   음릉천과 대칭되는 바깥쪽 부분(좌우 각 하나씩)
- **지간**   뒷다리 전체 발가락 사이의 연결부(좌우 각 하나씩)
- **허리의 백회** 골반의 폭이 가장 넓은 곳과 등뼈가 교차하는 오목한 지점

기본적인 뒷다리 마사지

목적별 마사지 · 트러블편

4장

1. 등을 문질러 준다

6~10회

손바닥 전체를 이용해 등을 앞뒤로 문질러 줍니다.

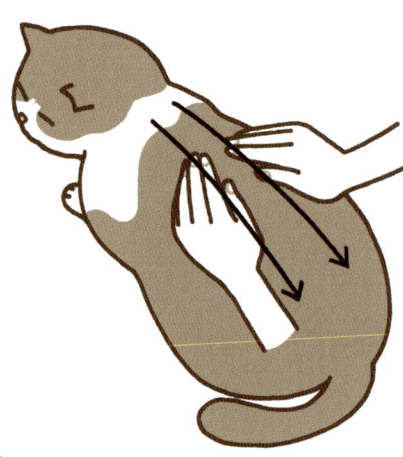

2. 대고를 픽업한다

좌우 각 6~10회

배와 다리가 연결되어 접히는 지점인 대고라는 경혈을 픽업합니다.

3. 음릉천과 양릉천을 문질러 준다

좌우 각 6~10회

뒷다리 안쪽의 음릉천과 뒷다리 바깥쪽의 양릉천 양쪽을 손에 끼듯이 하여 문질러 줍니다.

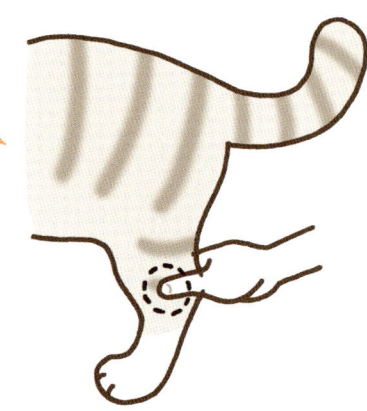

4 용천을 지압한다

좌우 각 6~10회

뒷다리의 발바닥 용천을 발톱 끝을 향해 지압합니다.

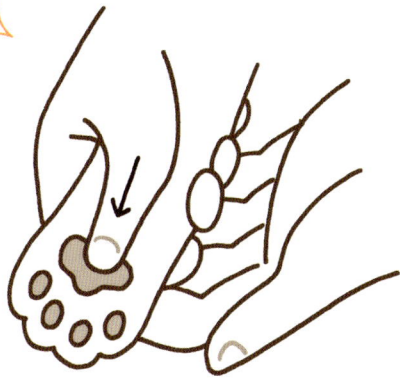

5 지간을 문질러 준다

뒷다리의 전체 발가락 연결부에 있는 지간을 발톱 끝을 향해 엄지 손가락으로 문질러 줍니다.

좌우의 모든 지간을 각 6~10회

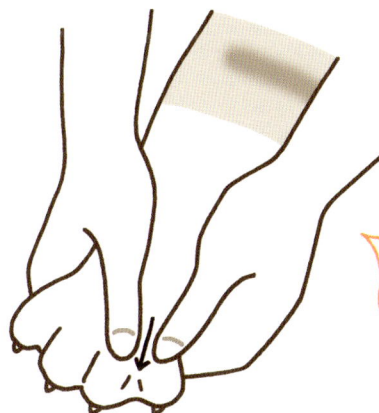

6 허리의 백회를 지압한다

6~10회

허리의 백회를 지압합니다.

요통

요통은 직립보행으로 발생하는 질환이라고 알려졌으나, 최근에는 네발로 걷는 고양이에게도 요통이 늘어나고 있습니다. 나이를 먹거나 비만, 운동부족, 사육환경의 변화, 그리고 마룻바닥에서 실내 생활을 하는 것이 고양이의 허리에 부담으로 작용하게 된 것입니다. 요통이 심할 때는 환부에 대한 직접적인 마사지를 피하고, 환부에서는 떨어져 있는 혈의 경로를 마사지하도록 합니다.

목적별 마사지 · 트러블편

4장

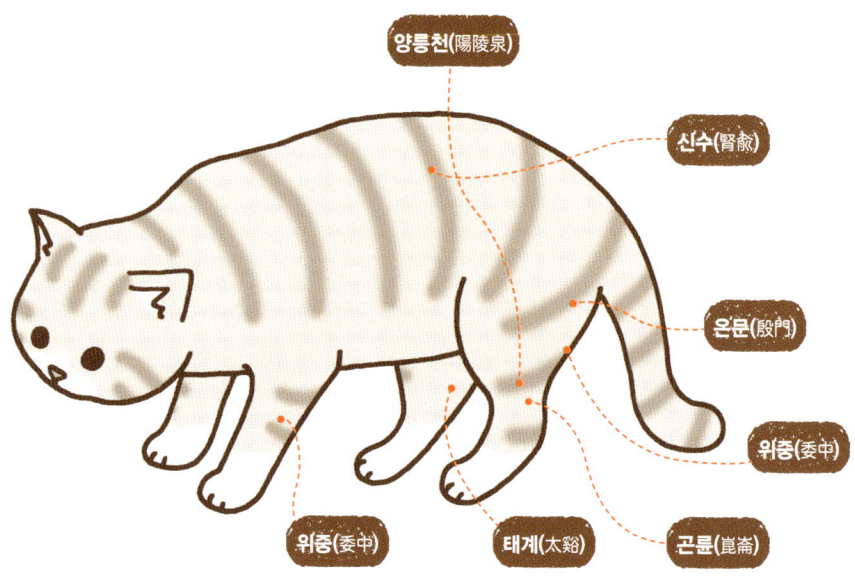

- **태계**   뒷다리 안쪽 복사뼈 뒤에서 아킬레스건 사이의 오목한 지점
- **곤륜**   뒷다리 바깥쪽 복사뼈 뒤에서 아킬레스건 사이의 오목한 지점
- **신수**   맨 뒤 갈비뼈에 붙어 있는 등뼈에서 2개 뒤의 등뼈(좌우 각 하나씩)
- **은문**   골반 맨 뒤쪽의 가장자리와 무릎 안쪽 오목한 곳을 연결한 선상의 중앙 지점
- **양릉천**   음릉천과 대칭되는 바깥쪽 부분(좌우 각 하나씩)
- **위중**   무릎 뒤 중앙 부분

기본적인 요통 마사지

1 골반을 동그라미 마사지한다

6~10회

엉덩이뼈 둘레를 동그라미 마사지합니다.

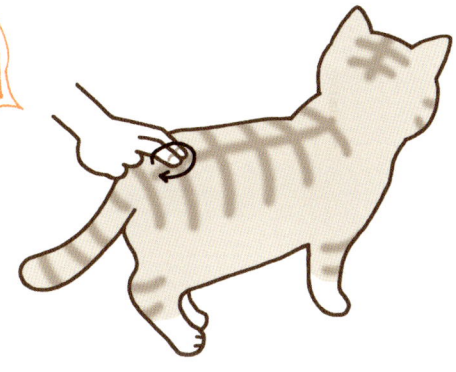

2 방광경을 문질러 준다

좌우 각 6~10회

등뼈의 양쪽 넓적다리 연결 부위에서 앞쪽을 향해 문질러 줍니다.

3 무릎 뒤에서 넓적다리 연결부까지 문질러 준다

좌우 각 6~10회

무릎 뒤에서 넓적다리 연결부를 향해 문질러 줍니다.

목적별 마사지 · 트러블편

4 복부 양쪽을 문질러 준다

좌우 각 6~10회

복부의 양쪽을 위에서 아래로 문질러 줍니다.

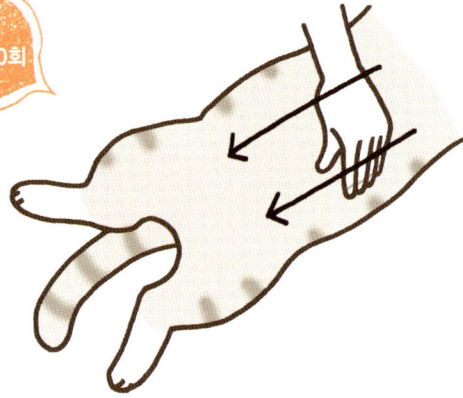

5 태계와 곤륜을 주물러 준다

좌우 각 6~10회

뒷다리 발목에 있는 태계와 곤륜 양쪽을 손에 끼워 넣듯이 하여 주물러 줍니다.

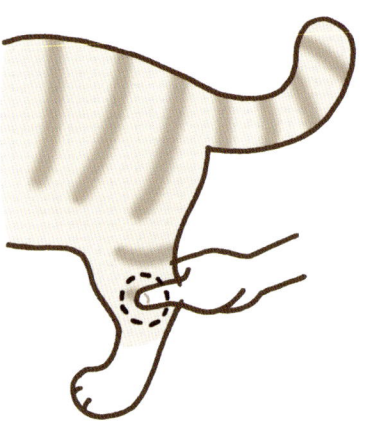

6 신수를 지압한다

좌우 각 6~10회

등뼈의 양쪽에 있는 신수를 지압합니다.

7 은문을 지압한다

뒷다리의 넓적다리 뒤에 있는 은문을 지압합니다.

좌우 각 6~10회

8 양릉천을 지압한다

뒷다리 바깥쪽에 있는 양릉천을 지압합니다.

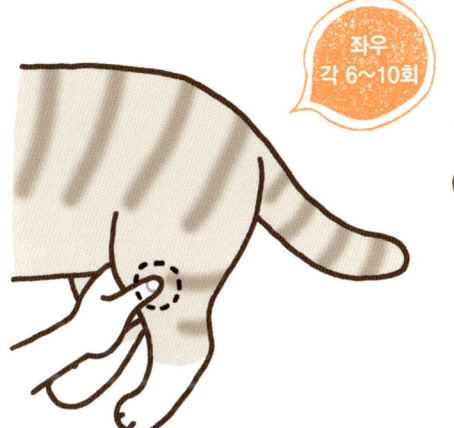

좌우 각 6~10회

9 위중을 지압한다

앞다리 무릎 안쪽에 있는 위중을 지압합니다.

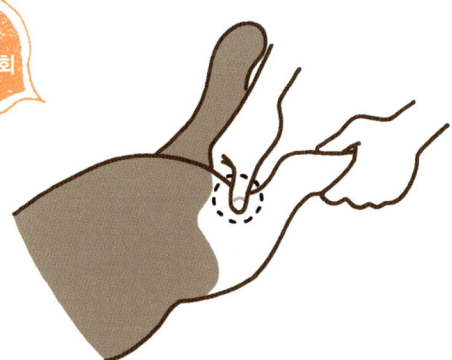

좌우 각 6~10회

무릎 트러블

체중의 부하가 집중되는 무릎은 고양이 역시 통증을 느끼기 쉬운 곳입니다. 특히 고양이는 높은 곳에서 뛰어 오르내리므로 무릎에 부담이 큽니다. 근육과 근육의 연결 부위나 무릎 안쪽 등을 집중적으로 자극해 줌으로써 무릎에 주는 부하를 경감시키는 것이 중요합니다. 고양이의 걸음이 불안정하거나 다리를 절뚝이며 걷는다면 무릎에 통증을 느끼는 것이니 주의해야 합니다.

목적별 마사지 · 트러블 편

4장

- **위중**   무릎 뒤의 중앙부(좌우 각 하나씩)
- **용천**   뒷다리의 가장 큰 육구의 연결 부위(좌우 각 하나씩)

기본적인 무릎 마사지

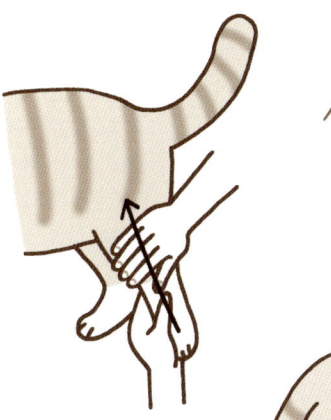

1 뒷다리를 문질러 준다

뒷다리 바깥쪽을 발톱 끝에서 넓적다리 연결 부위까지 문질러 올라갑니다.

2 무릎을 주물러 준다

손바닥으로 무릎 전체를 감싸듯이 하여 주물러 줍니다.

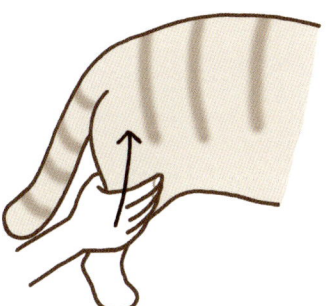

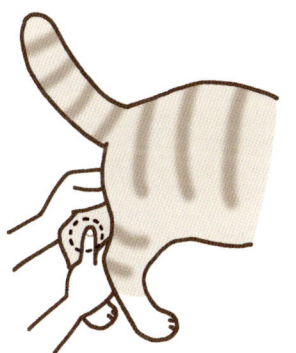

3 위중을 지압한다

무릎 뒤쪽 중앙에 있는 위중을 엄지손가락으로 지압합니다. 엄지손가락 이외의 손가락은 무릎 앞쪽에 댑니다.

4 용천을 지압한다

뒷다리 발바닥에 있는 용천을 지압합니다.

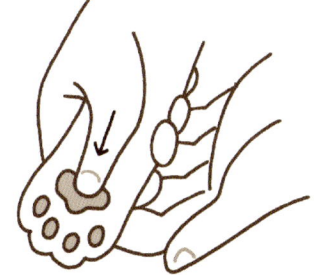

피부 트러블

고양이가 피부를 긁어대거나 피부를 집요하게 핥고 있는 등의 행동을 보이면 만성적인 아토피성 피부염일 가능성이 높습니다. 양의학에서는 아토피성 피부염은 집먼지, 티끌, 진드기, 곰팡이, 꽃가루, 식이 등의 알러지원과 유전적인 특질이 복잡하게 얽혀서 발생하고 있는 것으로 보고 있습니다. 고양이 마사지를 꾸준히 해줌으로써 몸 안에 쌓인 유해물질이나 노폐물을 몸 밖으로 배출하도록 합시다.

목적별 마사지 · 트러블편

4장

- **경차**   안면부의 좌우 턱뼈 위에 있는 오목한 지점(좌우 각 하나씩)
- **혈해**   뒷다리 안쪽 무릎 약간 위에 있는 오목한 지점(좌우 각 하나씩)

좌우
각 6~10회

1. 앞다리 바깥쪽을 문질러 준다

앞다리 바깥쪽을 손가락 끝으로 어깨뼈를 향해 문질러 줍니다.

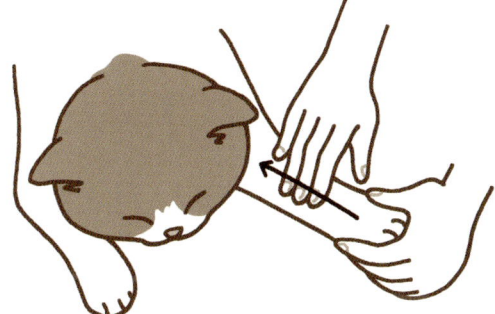

좌우
각 6~10회

2. 경추를 주물러 준다

경추를 집게손가락 또는 가운뎃손가락을 더해 앞에서 뒤로 부드럽게 주물러 줍니다.

좌우
각 6~10회

3. 뒷다리를 문질러 준다

무릎 뒤에서 넓적다리의 연결부를 향해 엄지손가락으로 문질러 줍니다.

목적별 마사지 · 트러블편

4장

4 혈해를 지압한다

좌우 각 6~10회

혈해를 지압합니다.

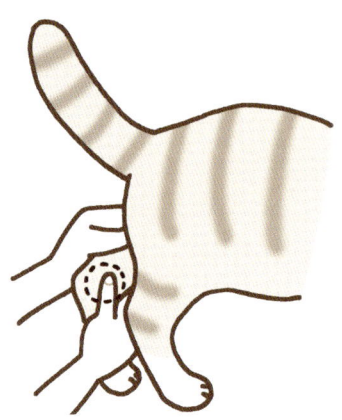

5 전신을 픽업한다

6~10회

전신의 피부를 픽업하여 트위스트합니다.

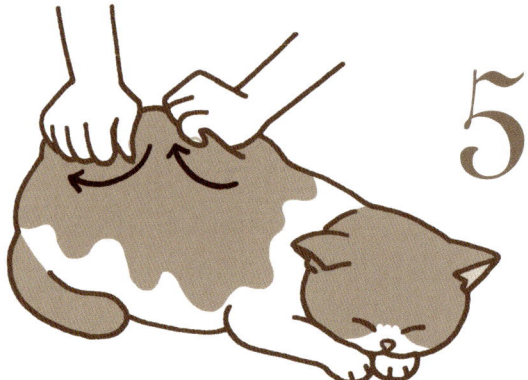

턱은 혀가 닿지 않아 스스로 닦을 수가 없어요~

감기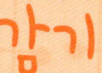

감기란 동물의 몸에 바이러스가 침입하여 두통, 발열, 오한, 체통, 비염, 기침 등을 일으키는 질환으로 1년 내내 발병하지만, 주로 이른 봄이나 겨울에 많이 발생합니다. 감기 치료의 보조 효과뿐만 아니라 감기를 예방하기 위한 마사지를 하도록 합시다.

- **인당** 좌우의 눈썹 중간지점
- **산근** 코끝에 털이 없는 부분과 털이 있는 부분의 교차점(좌우 하나씩)
- **풍지** 목 뒤쪽 중앙부의 좌우에 있는 얕게 오목한 부분(각 하나씩)
- **염천** 목 중간에 있는 연골돌기의 윗부분
- **미첨** 꼬리의 끝

기본적인 감기 마사지

1. 풍지를 주물러 준다

좌우의 풍지를 주물러 주거나 엄지손가락으로 지압합니다.

좌우 각 6~10회

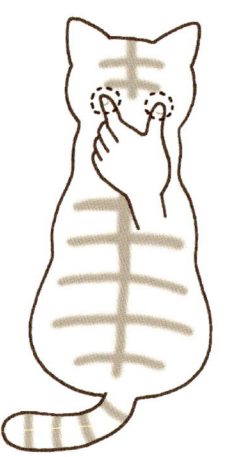

2. 후두부에서 등을 향해 문질러 준다

후두부에서 등까지 앞뒤로 문질러 줍니다. 독맥, 방광경의 경락을 자극함으로써 면역력을 높여 줍니다.

좌우 각 6~10회

3. 앞다리 바깥쪽을 문질러 준다

앞다리 바깥쪽을 발톱 끝에서 연결부를 향해 문질러 줍니다.

좌우 각 6~10회

목적별 마사지 · 트러블편

4장

4. 인당에서 산근까지 문질러 준다

인당에서 산근까지 집게손가락으로 문질러 줍니다. 콧물, 코막힘을 해소합니다.

5. 염천을 픽업한다

턱 아래 있는 염천의 피부를 픽업합니다. 기침을 진정시킵니다.

6. 미첨을 잡아당긴다

한 손으로 꼬리의 시작 부분을 단단히 잡고, 다른 한 손으로는 꼬리 끝에 있는 미첨이라는 경혈을 꼭 잡고 잡아당깁니다.

SPECIAL THANKS

단, 츄미, 별, 키리에, 연우, 레오, 아리, 카이, 수리, 러키, (RIP)엘버, (RIP)미아, 티겔, 자룡, 토르, 링고, 김생강, 딸기, 이카루스, 별이, 달이, 솜이, 하루, 이틀, 달로, 비누, 우유, 앵두, 초코, 밍키, 마더, 티슈, 보리스, 아더, 알콩이, 쥰, 츄, 차차, 도담, 이리, 콩이, 동이, 뚱이, 꼬마, 겨울, 비누, 우유, 무강, 모카, 뮤이, 호, 동수, 휴이, 나비, 밍키, 순두부, 김똘망, 티슈, 점매, 올치, 하늘, 하루, 캄털, 까뮈, 마더, 란다, 후추, 두유, 김딸기, 마루, 호두, 토리, 아더, 마늘, 나나, 튼튼이, 핀아, 모모, 연두, 꼬북, 모찌, 모카, 그리고 논현동에서 우연히 만났던 이름 모를 길냥이에게 감사하며…….

치유하고 치유받는 고양이 마사지

초판 1쇄 발행 2013년 12월 20일

지은이   이시노 타카시, 아이자와 마나
옮긴이   김주영
감 수   김홍석
펴낸이   김기제

편집장   김주석
기 획   장한얼
마케팅   김민영

펴낸곳   팔복원
출판등록 1991년 7월 22일 제313-2004-162호
주소   서울특별시 마포구 서교동 247-30 대조빌딩 3층
전화   02-338-6516(기획편집), 02-338-6478(마케팅)
팩스   02-335-3229
이메일   8bliss@hanmail.net
홈페이지   www.palbook.net

출력·인쇄 우일인쇄공사

ISBN 978-8985840-17-0 03510
정가   13,000원

한국어판 © 팔복원, 2013

단츄별은 팔복원의 임프린트입니다.
이 책의 한국어판 저작권은 일본 토한 코포레이션과 베스툰코리아 에이전시를 통해 일본 저작권자와 독점 계약한 팔복원에 있습니다. 저작권법에 의해 한국 내에서 보호를 받는 저작물이므로 무단 전재나 복제, 광전자 매체 수록 등을 금합니다.

- 이 책의 수익금 일부는 길고양이를 돕는 데 쓰여집니다.
- 잘못된 책은 구입하신 서점에서 바꿔 드립니다.